3일 벼락치기 직무적성검사 시리즈는?

스펙 쌓기 경쟁은 과열되고 취업의 벽은 점점 높아지는데…

직무적성검사까지 대비하기에는 시간이 턱없이 부족하시죠?

그래서 시스컴이 야심차게 준비한

직무적성검사 3일 벼락치기 시리즈!

태블릿 PC나 좀 큰 스마트폰과 유사한 그립감을 주는

작은 크기와 **얇은 두께**로 휴대성을 살렸지만

꽉 찬 구성으로, **효율성은 UP↑ 공부 시간은 DOWN↓**

3일의 투자로 최고의 결과를 노리는

3일 벼락치기 직무적성검사 9권 시리즈

직무적성검사

3일 벼락치기

타임 적성검사연구소

이랜드 ESAT

3일 벼락치기

이랜드 ESAT

인쇄일 2020년 8월 1일 2판 1쇄 인쇄
발행일 2020년 8월 5일 2판 1쇄 발행
등 록 제17-269호
판 권 시스컴2020

ISBN 979-11-6215-517-2 13320
정 가 10,000원

발행처 시스컴 출판사
발행인 송인식
지은이 타임 적성검사연구소

주소 서울시 양천구 목동동로 233-1, 1007호(목동, 드림타워) | **홈페이지** www.siscom.co.kr
E-mail master@siscom.co.kr | **전화** 02)866-9311 | **Fax** 02)866-9312

취업과정에 적성검사가 도입된 지도 제법 많은 시간이 흘렀습니다. 그 동안 적성검사에도 많은 부침이 있어서, 일부 기업은 폐지하기도 하고 일부 기업은 유형을 변경하기도 하였습니다. 쟁쟁한 대기업들이 적성검사 유형을 대폭 변경하면서 다른 기업들에도 그 여파가 미칠 것으로 여겨지고 있습니다.

적성검사는 창의력 · 상황대처능력 · 문제해결능력 등 업무수행에 필요한 능력을 측정하기 위해 실시되며, 기업별 인재상에 따라 여러 유형으로 치러집니다. 여기에 일부 기업들이 주기적으로 문제유형을 변경함으로써 수험생들의 혼란을 가중시키고 있습니다.

본서에서는 각 기업에서 공식적으로 발표한 문제유형을 기반으로 삼았으며, 실제로 적성검사를 치른 응시생들의 후기를 충실히 반영하여 올해 치러질 실제 적성검사에 가장 근접한 문제를 제공하고자 하였습니다.

본서가 취업준비생들의 성공적인 취업에 조금이나마 보탬이 되었으면 하는 바입니다.

타임 적성검사연구소

타임테이블 및 영역별 안내

DAY	PART	CHECK BOX		TIME
		complete	incomplete	
1DAY	언어비평검사			시간 분
2DAY	수리비평검사			시간 분
3DAY	상황판단검사			시간 분

1DAY

언어비평검사

주어진 제시문을 읽고 문제의 내용이 제시문에 대하여 옳은지, 그른지, 그렇지 않으면 제시문을 통해서는 알 수 없는지 판단하는 유형이다. 또한 독해력을 기르기 위해 5~10줄가량의 지문 중심으로 수록하였다.

2DAY

수리비평검사

주어진 표와 그래프의 자료를 해석하여 결과를 도출하게 하는 유형이다. 하지만 자료가 복잡한 만큼 계산은 그리 어렵지 않다. 따라서 다양한 자료를 접해보면서 논리성을 가지고 문제를 많이 풀어보는 것이 중요하다.

3DAY

상황판단검사

직무 수행 시 직면할 수 있는 다양한 상황을 제시하고 이에 대한 대처방안과 직무 성향을 파악하기 위한 문항들이 출제된다. 정답은 따로 없고 자신이라면 어떻게 할지 판단하는 유형이다.

구성과 특징

기출유형분석

주요 기출문제의 유형을 분석하여 이에 가장 가까운 문제를 상세한 해설과 함께 수록하였다.

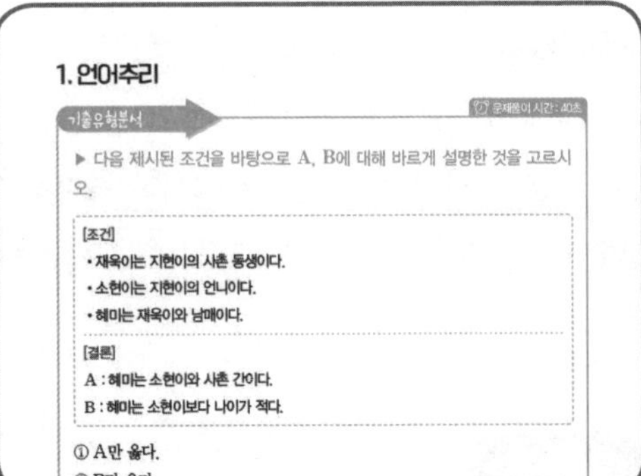

1. 언어추리

기출유형분석 | 문제풀이 시간 : 40초

▶ 다음 제시된 조건을 바탕으로 A, B에 대해 바르게 설명한 것을 고르시오.

[조건]
- 재욱이는 지현이의 사촌 동생이다.
- 소현이는 지현이의 언니이다.
- 혜미는 재욱이와 남매이다.

[결론]
A : 혜미는 소현이와 사촌 간이다.
B : 혜미는 소현이보다 나이가 적다.

① A만 옳다.
② B만 옳다.

문제풀이 시간 표시

각 문제유형에 따라 총 문항 수와 총 문제풀이 시간, 문항당 문제풀이 시간을 제시하였다.

음에 대한 알맞은 답을 고르시오.

총 문항 수 : 12문항 | 총 문제풀이 시간 : 6분 | 문항당 문제풀이 시간 : 30초

친 부분에 들어갈 문장으로 알맞은 것을 고르면?

어지면 내일 비가 올 것이다.
으면 별똥별이 떨어진다.

중요문제 표시

기출유형에 근접한 문제마다 표시하여 중요문제를 쉽게 파악할 수 있게 하였다.

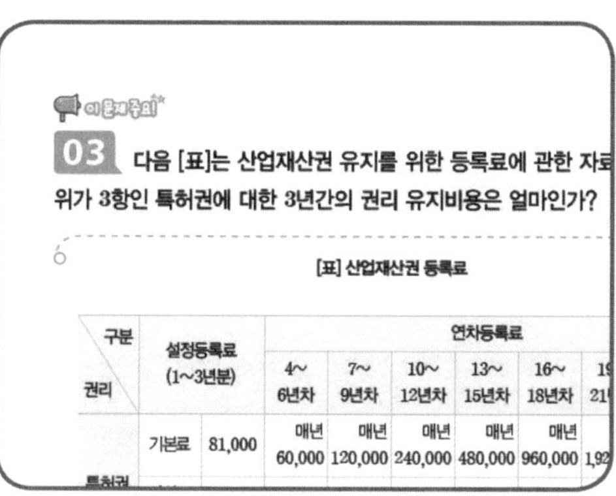

이 문제 중요!

03 다음 [표]는 산업재산권 유지를 위한 등록료에 관한 자료 … 위가 3항인 특허권에 대한 3년간의 권리 유지비용은 얼마인가?

[표] 산업재산권 등록료

구분 / 권리	설정등록료 (1~3년분)		연차등록료					
			4~ 6년차	7~ 9년차	10~ 12년차	13~ 15년차	16~ 18년차	[illegible]
특허권	기본료	81,000	매년 60,000	매년 120,000	매년 240,000	매년 480,000	매년 960,000	[illegible]

타임테이블 & 채점결과

각 문제유형을 모두 풀었을 때 걸리는 시간 및 채점결과를 수험생 스스로 점검할 수 있도록 하였다.

소요시간		채점결과	
목표시간	24분	총 문항수	16문항
실제 소요시간	( )분 ( )초	맞은 문항 수	( )문항
초과시간	( )분 ( )초	틀린 문항 수	( )문항

44

차 례

1 이랜드 기업소개

1. 빠른 성장의 기회

이랜드는 빠르게 성장하고 있습니다. 지난 30년간 성장을 거듭하여 2011년에는 10조 매출을 기록하였습니다. 이는 법인화한 1986년을 기준으로 1000배 성장한 수치입니다. 특히 해외에서의 빠른 성장을 증명하듯, 2010년 중국법인에서만 매출 1조를 넘어섰습니다. 이러한 성과는 직원들에게도 빠른 성장의 기회를 제공하고 있습니다. 다양하고 수준 높은 교육과 더불어 3×5 CDP 제도를 통해 청년 글로벌 CEO를 배출해 내고 있습니다.

2. 업계 최고의 보상제도

이랜드는 2011년 창립 30주년을 맞이하여 업체 최고의 급여 제도를 발표하였습니다. 기본급, 업적급, 성과급으로 구성된 성과연봉제도는 이랜드의 우수한 인재들에게 또 하나의 프라이드가 되고 있습니다.

3. 품격있는 기업문화

이랜드는 창업 초기부터 송페스티발, 전가족수련회, 전직원 체육대회, 김밥 송년회 등 다양한 문화활동을 지속해 왔습니다. 문화 활동을 통해 우리가 하는 일의 의미를 되돌아보고, 가정에 감사를 표현하는 시간을 갖고 있습니다.

4. 높은 기준의 윤리경영

정직은 이랜드 경영이념의 첫 번째입니다. 이랜드는 높은 윤리경영 기준을 가지고 직원들이 양심을 지키며 일을 할 수 있도록 합니다.

5. 다양한 기회의 제공

이랜드는 패션, 유통, 호텔레저, 외식, IT, 건설 등 다양한 비즈니스뿐 아니라, 복지재단과 같은 사회사업을 운영하고 있습니다. 직원들은 사내공모 제도를 통해 산업과 직무의 기회를 가질 수 있습니다.

2 경영이념

1. 나눔 : 벌기 위해서가 아니라 쓰기 위해서 일합니다.

기업은 소속되어 있는 직원의 생계와 기업에 투자한 사람들을 보호하기 위해 이익을 내야 합니다. 성실과 검소를 통해 얻은 이익들은 극빈자를 위한 무료병원 설립, 탁아소 건립, 가정같은 양로원과 고아원 등 사회문제를 해결하기 위해 나누고자 합니다.

2. 바름 : 돌아가더라도 바른길을 가는 것이 지름길입니다.

기업은 반드시 이익을 내야하고, 그 이익을 내는 과정에서 정직해야 합니다. 과정의 정직을 통해 주변의 많은 사람과 기관에 도전을 주고, 노력한 대가만을 이익으로 거두며 떳떳한 성공을 통해 부자답게 살지 않는 부자, 존경 받는 부자가 되고자 합니다.

3. 자람 : 직장은 인생의 학교입니다.

직장은 인생의 모든 짐을 나누어 질 수 있는 사람의 공동체로 수고한 대로 거두는 법칙을 배우고, 인간관계를 통해 사랑과 용납을 배울 수 있어야 합니다. 또 하나의 가정인 직장을 통해 완성된 인격을 갖춘 사회 지도자를 배출해 내고자 합니다.

4. 섬김 : 만족한 고객이 최선의 광고입니다.

시장 가격이 아닌 소득 수준에 맞는 가격 정책과, 고객을 왕으로 섬기는 바른 서비스로 고객의 유익을 먼저 생각하겠습니다. 합당한 가격 정책으로, 국민 소득수준을 두 배로 높여 드리고 싶습니다.

3 인사 제도

1. 인재상

성숙한 인격	탁월한 능력
• 정직한 비지니스를 통해 사회를 섬길 수 있는 사람 • 일의 의미를 알고 자기 주도적으로 일하는 사람 • 사회, 고객, 회사, 동료에게 감사할 수 있는 사람 • 비지니스의 목적을 사람에 두고 인재를 양성하는 사람	• 수익, 비용 의식을 가지고 팀웍을 발휘하는 프로페셔널 • 긍정적 · 적극적 사고로 세계 최고를 향해 지속적으로 혁신을 추구하는 사람 • 모든 것에서 배우고, 끊임없이 성장하는 사람 • 미래 지향적 사고로 글로벌 시장에서 성공하는 사람

2. 급여제도

이랜드는 성과연봉제를 적용하며 시장 상위수준의 보상제공을 지향합니다.

① 표준 기본급

직급별로 정해진 기본급 액수를 지급하여 직원들의 일정한 생활수준을 보장합니다. 승진 시 기본급은 큰 폭으로 인상됩니다.

② 업적급

전년도 종합 평가에 따라 지급되는 성과급입니다. 공정하고 객관적인 평가 기준을 통해 업적을 평가받게 되며 해당 성과에 대한 보상은 다음 해, 2개월에 한 번씩 지급됩니다. 매년 평가결과에 따라 지급액은 상이할 수 있습니다.

③ 성과급

법인 및 사업부의 성과와 개인 성과평가를 기준으로 지급되는 보상입니다. 높은 수준의 이익을 발생시킨 것은 물론 적자폭을 개선시킨 것도 성과로 인정하고 있습니다.

④ 직책수당

사업부 성과를 책임지는 책임자에게 부여되는 수당으로, 직책에 맞는 대우와 책임수준을 높이고 있습니다.

4 채용 절차

서류 전형 → 직무적성 검사 → 1차 면접 (실무진 면접) → 2차 면접 (현장 면접) → 3차 면접 (경영자 면접)

① 서류 전형

온라인을 통해 입사지원서(기본 인적사항, 학력사항, 경험 등을 기술)를 작성 · 제출합니다. 이랜드 그룹의 기본원칙과 채용계획에 적합한 지원자를 선별한 후 서류전형 과정을 거쳐 합격자를 선발합니다.

② 직무적성검사

서류전형 합격자를 대상으로 인재유형검사, 언어영역, 수리영역의 직무적성검사를 실시하게 됩니다. 지원하신 직무에 대하여 성공적인 업무수행 능력과 직무적합여부를 판별하기 위한 검사입니다.

③ 1차 면접(실무진 면접)

실제 업무를 수행하기 위한 능력을 평가하는 1차 면접이 진행됩니다. 면접진행방식은 다대다(多對多)방식이며, 인성 평가가 병행됩니다. 대략 1시간~1시간 30분이 소요됩니다.

④ 2차 면접(현장 면접)

1차 면접 합격자를 대상으로 사업부별 현장면접을 통해 지원자들의 사회성과 조직적응력, 협동심 등을 평가하는 절차입니다. 또한 지원자-회사 간 소통을 통해 이랜드와 직무에 대해 더욱 알아가는 시간을 갖습니다.

⑤ 3차 면접(경영자 면접)

2차 면접 합격자를 대상으로 이루어지는 심층 면접으로, 지식을 기반으로 성과내는 이랜드인을 선별하기 위한 마지막 절차입니다. 면접진행방식은 1차 면접과 동일합니다. 대략 1시간~1시간 30분이 소요됩니다.

직무적성검사 안내

이랜드 직무적성검사란?

서류전형 합격자를 대상으로 지원한 직무에 대하여 성공적인 업무수행능력과 직무적합여부를 판별하기 위한 검사라고 할 수 있습니다. 약 4시간에 걸쳐 인재유형검사, 언어비평검사, 수리비평검사, 상황판단검사 등의 직무적성검사를 실시하게 됩니다. 특히 이랜드 직무적성검사는 비교적 단순한 유형의 기초적성검사에 비해 다양한 유형의 인성검사가 실시되는 것이 특징입니다.

시험과목		문항 수	시간	특성
언어비평검사	언어추리	20문항	10분	논리력과 추리력 등을 평가하는 유형
언어비평검사	독해	25문항	22분	지문을 통해 문맥 파악, 글의 흐름 등을 분석할 수 있는지를 평가하는 유형
수리비평검사		25문항	24분	도표, 그래프를 해석하고 수치를 계산하는 유형
상황판단검사	실용지능	32문항	40분	회사 내에서 발생할 수 있는 상황을 주고 적절한 행동과 부적절한 행동을 선택하는 유형으로 정답이 따로 없음
상황판단검사	정서 · 사회지능	32문항	40분	회사 내에서 발생할 수 있는 상황을 주고 적절한 행동과 부적절한 행동을 선택하는 유형으로 정답이 따로 없음

* 이외에도 인성검사를 추가로 실시합니다.
* 본서에 수록된 이랜드 직무적성검사의 영역은 2019년 채용을 기준으로 하였으므로 추후 변경 가능성이 있습니다.

언어비평검사

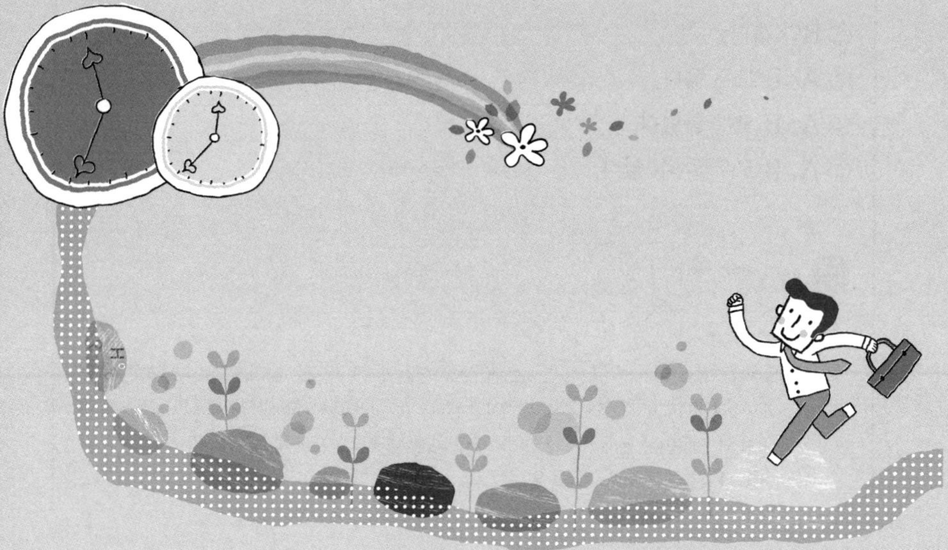

1DAY

언어비평검사

1. 언어추리

기출유형분석

⏰ 문제풀이 시간 : 40초

▶ 다음 제시된 조건을 바탕으로 A, B에 대해 바르게 설명한 것을 고르시오.

[조건]
- 재욱이는 지현이의 사촌 동생이다.
- 소현이는 지현이의 언니이다.
- 혜미는 재욱이와 남매이다.

[결론]
A : 혜미는 소현이와 사촌 간이다.
B : 혜미는 소현이보다 나이가 적다.

① A만 옳다.
② B만 옳다.
③ A, B 모두 옳다.
④ A, B 모두 틀렸다.
⑤ A, B 모두 알 수 없다.

정답 해설 혜미, 재욱 / 지현, 소현
ㄴ 남매 ┘ ㄴ 자매 ┘
ㄴ 사촌 ┘

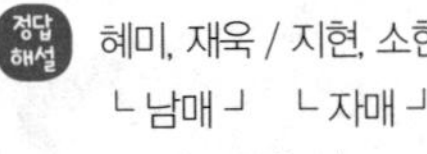

재욱이는 지현이의 사촌 동생이고, 소현이는 지현이의 언니이므로 나이순으로 나열하면 '소현 > 지현 > 재욱'이다. 혜미의 경우, 재욱이와 남매라는 것만 제시되어 있으므로 나이를 알 수 없다. 혜미와 재욱이는 남매이고 소현이와 지현이는 자매인데, 재욱이와 지현이가 사촌지간이므로, 혜미와 소현이도 사촌 간임을 알 수 있다.

주어진 문장들을 토대로 마지막 문장의 참과 거짓을 가려내는 문제 유형이다. 위 문제와 같이 가족관계를 묻는 경우 문장에서 비교가 되는 대상의 관계도를 기호로 간단하게 정리하면 보다 쉽게 문제를 해결할 수 있다.

논리 관계

- **명제** : 판단을 언어로 표현한 것이다. 'p이면 q이다.'라는 형태를 취한다.
- **역** : 명제 'p이면 q이다.'에 대하여 'q이면 p이다.'를 그 명제의 '역'이라고 한다. 명제가 참인 경우, '역'도 반드시 참이라고는 할 수 없다.
- **대우** : 명제 'p이면 q이다.'에 대하여 'q가 아니면 p가 아니다.'를 그 명제의 '대우'라고 한다. 명제가 참인 경우 그 '대우'는 반드시 참이다.
- $p \rightarrow q$가 명제인 경우

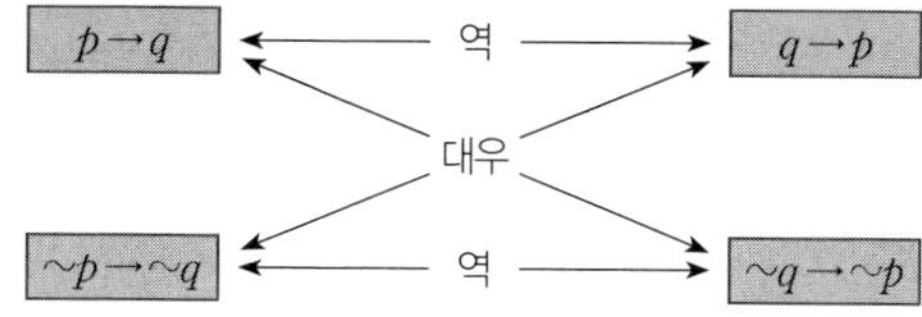

- $p \rightarrow q$가 참일 때 반드시 참인 것은 $\sim q \rightarrow \sim p$뿐이다.

정답 ①

[01~19] 제시된 조건을 바탕으로 A, B에 대해 바르게 설명한 것을 고르시오.

총 문항 수 : 19문항 | 총 문제풀이 시간 : 12분 40초 | 문항당 문제풀이 시간 : 40초

01

[조건]

• 두꺼비는 개구리보다 무겁다.

• 개구리와 독수리의 무게는 같다.

[결론]

A : 두꺼비는 독수리보다 가볍다.

B : 두꺼비는 독수리보다 무겁다.

① A만 옳다.

② B만 옳다.

③ A, B 모두 옳다.

④ A, B 모두 틀렸다.

⑤ A, B 모두 알 수 없다.

정답 해설

'A가 B보다 무겁다.'를 A > B로 표시할 때,

두꺼비, 개구리, 독수리의 무게를 정리하면 다음과 같다.

두꺼비 > 개구리

개구리 = 독수리

따라서 '두꺼비는 독수리보다 무겁다.'라는 B의 말만 옳다.

이 문제 중요!

02

[조건]

- 철수가 기혼자이며, 자녀가 두 명이다.
- 영희는 자녀가 한 명이다.

[결론]

A : 철수와 영희는 부부이다.

B : 철수와 영희는 부부가 아니다.

① A만 옳다.

② B만 옳다.

③ A, B 모두 옳다.

④ A, B 모두 틀렸다.

⑤ A, B 모두 알 수 없다.

1DAY 2DAY 3DAY

조건에 따르면 철수가 기혼자이며, 자녀가 두 명이라고 했는데, 영희는 자녀가 한 명이라고 했으므로 철수와 영희는 부부 사이가 아니다.

TIP 추론(Inference)

주어진 몇 개의 명제(전제)들로부터 새로운 하나의 명제(결론)를 유도하는 것을 추론이라고 한다. 전제를 구성하는 모든 명제들이 참일 때 결론도 참이면 이 추론은 타당하다고 한다. 반면 전제를 구성하는 모든 명제들이 참임에도 불구하고 결론이 거짓일 때 이 추론은 타당하지 않다고 한다.

이 문제 중요!

03

[조건]

- 나정이의 아버지는 야구 코치이다.
- 나정이의 어머니는 야구 코치이다.

[결론]

A : 나정이는 야구 코치이다.

B : 나정이는 회사원이다.

① A만 옳다.

② B만 옳다.

③ A, B 모두 옳다.

④ A, B 모두 틀렸다.

⑤ A, B 모두 알 수 없다.

정답해설

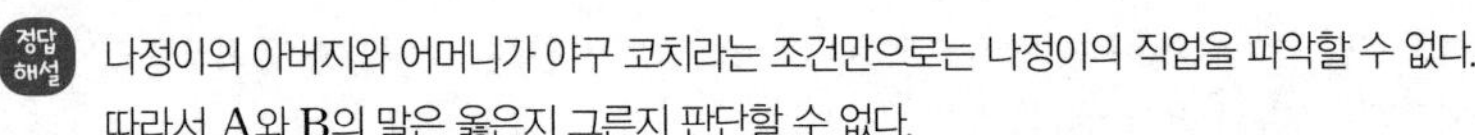

나정이의 아버지와 어머니가 야구 코치라는 조건만으로는 나정이의 직업을 파악할 수 없다. 따라서 A와 B의 말은 옳은지 그른지 판단할 수 없다.

04

[조건]

• 모든 갈매기는 과자를 좋아한다.

• 안경을 쓴 ★은 모두 갈매기이다.

[결론]

A : 안경을 쓴 ★은 과자를 좋아한다.

B : 안경을 쓴 ★은 과자를 싫어한다.

① A만 옳다.

② B만 옳다.

③ A, B 모두 옳다.

④ A, B 모두 틀렸다.

⑤ A, B 모두 알 수 없다.

정답해설 안경을 쓴 ★은 모두 갈매기이다.

↓

모든 갈매기는 과자를 좋아한다.

↓

안경을 쓴 ★은 과자를 좋아한다.

따라서 A만 옳다.

05

[조건]

- 모든 사과는 빨갛다.
- 물렁한 ♧는 사과이다.

[결론]

A : 물렁한 ♧는 초록색이다.

B : 물렁한 ♧는 노란색이다.

① A만 옳다.

② B만 옳다.

③ A, B 모두 옳다.

④ A, B 모두 틀렸다.

⑤ A, B 모두 알 수 없다.

물렁한 ♧는 사과이고, 모든 사과는 빨갛다고 했으므로 물렁한 ♧는 빨갛다.
따라서 A와 B의 말은 모두 옳지 않다.

TIP 논지 전개 방식

- **연역법** : 일반적 사실이나 원리를 전제로 하여 개별적인 특수한 사실이나 원리를 결론으로 이끌어 내는 추리 방법을 이른다. 경험에 의하지 않고 논리상 필연적인 결론을 내게 하는 것으로 삼단논법이 그 대표적인 형식이다.
  - 예 모든 사람은 잘못을 저지르는 수가 있다. 모든 지도자도 사람이다. 그러므로 지도자도 잘못을 저지르는 수가 있다.
- **귀납법** : 개별적인 특수한 사실이나 원리를 전제로 하여 일반적인 사실이나 원리로 결론을 이끌어 내는 연구 방법을 이른다. 특히 인과관계를 확정하는 데에 사용된다.
  - 일반화 : 사례들을 제시한 후 그를 통해 다른 사례들도 모두 마찬가지라는 결론을 도출한다.
    - 예 국어는 소리, 의미, 어법의 3요소로 이루어져 있다. 영어도 마찬가지이다. 중국어도 마찬가지이다. 그러므로 모든 언어는 소리, 의미, 어법의 3요소로 이루어져 있다.
  - 유추 : 서로 다른 범주에 속하는 두 대상 간에 존재하는 유사성을 근거로 구체적 속성도 일치할 것이라는 결론을 도출한다.
    - 예 지구에는 생물이 산다. 화성에는 지구와 마찬가지로 공기, 육지, 물이 있다. 따라서 화성에도 생물이 살 것이다.

이 문제 중요!

06

[조건]

- 사랑이는 가족 중에서 가장 늦게 일어난다.
- 사랑이의 아버지는 언제나 오전 6시에 일어난다.

[결론]

A : 사랑이는 매일 오전 7시에 일어난다.

B : 사랑이는 가족 중에서 가장 늦게 잠자리에 든다.

① A만 옳다.

② B만 옳다.

③ A, B 모두 옳다.

④ A, B 모두 틀렸다.

⑤ A, B 모두 알 수 없다.

주어진 조건만으로는 사랑이가 일어나는 시간과 가족 중 사랑이가 잠자리에 드는 순서를 알 수 없다. 따라서 A와 B의 말은 옳은지 그른지 판단할 수 없다.

정답 05 ④ | 06 ⑤

07

[조건]

- 성모는 영수보다 어리다.
- 영수는 길수보다 어리다.

[결론]

A : 성모는 길수보다 어리다.

B : 성모, 영수, 길수 중 길수의 나이가 가장 많다.

① A만 옳다.

② B만 옳다.

③ A, B 모두 옳다.

④ A, B 모두 틀렸다.

⑤ A, B 모두 알 수 없다.

정답 해설 제시된 조건을 통해 길수, 영수, 성모 순으로 나이가 많음을 알 수 있다.

나이

[많다] 길수 > 영수 > 성모 [적다]

따라서 A와 B의 말은 모두 옳다.

이 문제 중요!

08

[조건]

- 민지의 수학 점수는 윤지의 점수보다 15점이 낮다.
- 수지의 수학 점수는 민지의 수학 점수보다 5점이 높다.

[결론]

A : 민지, 윤지, 수지 중 윤지의 수학 점수가 가장 높다.
B : 민지, 윤지, 수지 중 수지의 수학 점수가 가장 낮다.

① A만 옳다.
② B만 옳다.
③ A, B 모두 옳다.
④ A, B 모두 틀렸다.
⑤ A, B 모두 알 수 없다.

세 사람의 수학 점수를 정리하면 다음과 같다.

- 민지의 점수＋15(점)＝윤지의 점수
- 민지의 점수＋5(점)＝수지의 점수

이를 통해서 윤지, 수지, 민지의 순서로 수학 점수가 높음을 알 수 있다.
따라서 A의 말만 옳다.

정답 07 ③ | 08 ①

이 문제 중요!

09

[조건]

- 악어는 뱀보다 예쁘다.
- 악어는 물개보다 예쁘지 않다.

[결론]

A : 물개는 뱀보다 예쁘다.

B : 악어, 뱀, 물개 가운데 누가 더 예쁜지 알 수 없다.

① A만 옳다.

② B만 옳다.

③ A, B 모두 옳다.

④ A, B 모두 틀렸다.

⑤ A, B 모두 알 수 없다.

정답 해설 주어진 조건에 따르면 '물개, 악어, 뱀' 순서로 예쁘다는 것을 알 수 있다. 따라서 A의 말만 옳다.

10

[조건]

- 모든 주부는 요리하는 것을 좋아한다.
- 미란이는 요리하는 것을 좋아하지 않는다.

[결론]

A : 미란이는 선생님이다.

B : 미란이는 회사원이다.

① A만 옳다.

② B만 옳다.

③ A, B 모두 옳다.

④ A, B 모두 틀렸다.

⑤ A, B 모두 알 수 없다.

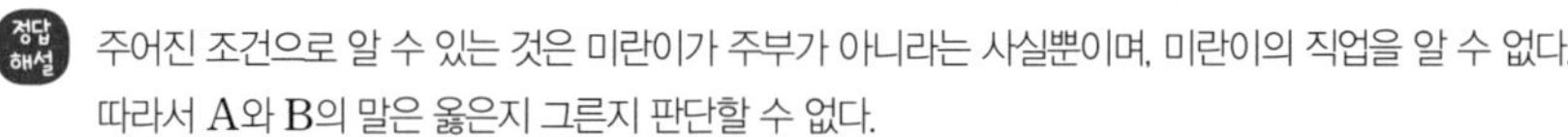

정답 해설 주어진 조건으로 알 수 있는 것은 미란이가 주부가 아니라는 사실뿐이며, 미란이의 직업을 알 수 없다. 따라서 A와 B의 말은 옳은지 그른지 판단할 수 없다.

TIP 문장추리 문제 풀이 시 유의점

- 모든 A는 모든 B이다.
- 모든 B는 모든 C이다.

  → 모든 A는 모든 C이다.
- A는 B이다.
- A는 C이다.

  → 모든 B는 모든 C라고 할 수는 없다.

이 문제 중요!

11

[조건]

- E사의 모든 근로자들은 반드시 사내식당에서 아침을 먹는다.
- 사내식당의 아침 메뉴는 된장찌개 아니면 김치찌개이다.
- 사내식당의 오늘 아침 메뉴는 된장찌개가 아니다.

[결론]

A : E사의 인턴인 도희는 오늘 아침 김치찌개를 먹었다.

B : E사의 대리인 성균이는 오늘 아침 된장찌개를 먹었다.

① A만 옳다.

② B만 옳다.

③ A, B 모두 옳다.

④ A, B 모두 틀렸다.

⑤ A, B 모두 알 수 없다.

정답 해설 사내식당의 아침메뉴는 된장찌개이거나 김치찌개인데 오늘의 아침 메뉴는 된장찌개가 아니므로 E사 구내식당의 아침 메뉴는 김치찌개임을 알 수 있다.

따라서 오늘 아침 성균이 된장찌개를 먹었다는 B의 말은 옳지 않다.

12

[조건]

- 어떤 침팬지는 천재이다.
- 모든 천재는 바나나를 좋아한다.
- 현민이는 천재이다.

[결론]

A : 현민이는 바나나를 좋아한다.

B : 현민이는 바나나를 좋아하지 않는다.

① A만 옳다.

② B만 옳다.

③ A, B 모두 옳다.

④ A, B 모두 틀렸다.

⑤ A, B 모두 알 수 없다.

정답 해설 세 번째 조건에서 '현민이는 천재이다.'라고 했고, 두 번째 조건에서는 '모든 천재는 바나나를 좋아한다.'라고 했으므로 '현민이는 바나나를 좋아한다.'라는 A의 말은 옳다.

TIP **'모든 x' 또는 '어떤 x'의 참 · 거짓**

- 모든 x에 대하여
  - 한 개의 예외도 없이 성립하면 참
  - 성립하지 않는 예가 있으면 거짓
- 어떤 x에 대하여
  - 한 개라도 성립하면 참
  - 모든 x에 대하여 성립하지 않으면 거짓

정답 11 ① | 12 ①

13

[조건]

- 甲은 생일날 7개의 선물을 받았다.
- 乙은 생일날 11개의 선물을 받았다.
- 丙이 생일날 받은 선물 수는 甲과 乙이 받은 선물의 평균 개수와 같다.

[결론]

A : 丙은 생일 때 8개의 선물을 받았다.

B : 丙은 생일 때 10개 미만의 선물을 받았다.

① A만 옳다.

② B만 옳다.

③ A, B 모두 옳다.

④ A, B 모두 틀렸다.

⑤ A, B 모두 알 수 없다.

정답 해설

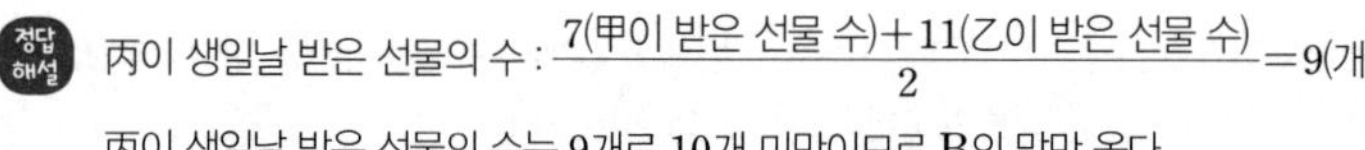

丙이 생일날 받은 선물의 수 : $\frac{7(\text{甲이 받은 선물 수})+11(\text{乙이 받은 선물 수})}{2}=9(\text{개})$

丙이 생일날 받은 선물의 수는 9개로 10개 미만이므로 B의 말만 옳다.

14

[조건]

- A, B, C, D가 벤치에 일렬로 앉는다고 할 때, A의 왼쪽에는 B가 앉는다.
- B의 왼쪽에는 D가 앉아 있다.
- C의 오른쪽에는 D가 앉아 있다.

[결론]

A : 벤치의 오른쪽 끝에 앉은 사람은 A이다.

B : C와 A 사이에는 두 사람이 앉는다.

① A만 옳다.

② B만 옳다.

③ A, B 모두 옳다.

④ A, B 모두 틀렸다.

⑤ A, B 모두 알 수 없다.

정답 해설 A~D가 벤치에 앉는 순서는 다음과 같다.

앞

왼쪽 C – D – B – A 오른쪽

뒤

따라서 A와 B의 말은 모두 옳다.

15

[조건]

- 농구선수가 야구선수보다 손이 크다.
- 배구선수는 농구선수보다 손이 크다.
- 역도선수는 야구선수보다 손이 작다.

[결론]

A : 농구선수의 손이 가장 크다.

B : 야구선수의 손이 가장 작다.

① A만 옳다.

② B만 옳다.

③ A, B 모두 옳다.

④ A, B 모두 틀렸다.

⑤ A, B 모두 알 수 없다.

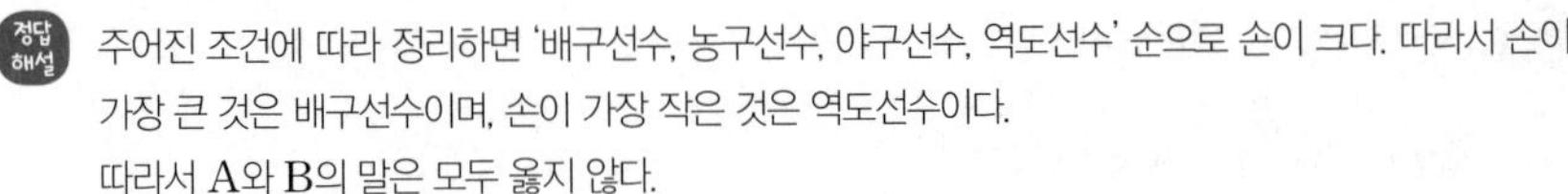

정답해설 주어진 조건에 따라 정리하면 '배구선수, 농구선수, 야구선수, 역도선수' 순으로 손이 크다. 따라서 손이 가장 큰 것은 배구선수이며, 손이 가장 작은 것은 역도선수이다.

따라서 A와 B의 말은 모두 옳지 않다.

16

[조건]

- 책을 많이 읽는 사람은 감수성이 풍부하다.
- 감수성이 풍부한 사람은 발라드를 즐겨 듣는다.
- 20대 여성들은 모두 발라드를 즐겨 듣는다.

[결론]

A : 책을 가장 많이 읽는 독자층은 20대 여성이다.

B : 10대 여성들은 댄스 음악을 즐겨 듣는다.

① A만 옳다.

② B만 옳다.

③ A, B 모두 옳다.

④ A, B 모두 틀렸다.

⑤ A, B 모두 알 수 없다.

정답 해설 제시된 조건을 정리하면 다음과 같다.

- 책을 많이 읽는 사람 → 감수성이 풍부한 사람 → 발라드를 즐겨 듣는 사람
- 20대 여성들 → 발라드를 즐겨 들음

따라서 A와 B의 말은 주어진 조건만으로는 판단할 수 없다.

정답 15 ④ | 16 ⑤

17

[조건]

- 송이가 승진하였다면 민준도 같이 승진하였다.
- 세미와 휘경 중에서 한 사람만 승진하였다.
- 송이, 세미, 민준, 휘경 중 적어도 2명은 승진하였다.

[결론]

A : 송이는 승진하였다.

B : 민준은 승진하였다.

① A만 옳다.
② B만 옳다.
③ A, B 모두 옳다.
④ A, B 모두 틀렸다.
⑤ A, B 모두 알 수 없다.

정답 해설 두 번째 조건에서 세미와 휘경 중 한 사람만 승진하였다고 했고, 세 번째 조건에서 적어도 두 명이 승진하였다고 했으므로 송이와 민준 중 한 사람 이상이 승진해야 한다. 그런데 첫 번째 조건에서 송이와 민준은 함께 승진한다고 했으므로 송이와 민준은 모두 승진하였다.
따라서 A와 B의 말은 모두 옳다.

18

[조건]

- 어린이를 좋아하는 사람은 동물을 좋아한다.
- 산을 좋아하는 사람은 나무를 좋아하며 꽃을 좋아한다.
- 꽃을 좋아하는 사람은 어린이를 좋아한다.

[결론]

A : 나무를 좋아하는 사람은 산을 좋아한다.

B : 꽃을 좋아하는 사람은 나비를 좋아한다.

① A만 옳다.

② B만 옳다.

③ A, B 모두 옳다.

④ A, B 모두 틀렸다.

⑤ A, B 모두 알 수 없다.

정답 해설 제시된 조건들을 정리하면 다음과 같다.

산을 좋아함 → 나무를 좋아함

꽃을 좋아함 → 어린이를 좋아함 → 동물을 좋아함

제시된 조건만으로는 나무를 좋아하는 사람이 산을 좋아하는지, 꽃을 좋아하는 사람이 나비를 좋아하는지 알 수 없다.

따라서 A와 B의 말은 모두 알 수 없다.

19

[조건]

- 물개를 좋아하는 사람은 하마도 좋아한다.
- 하마를 좋아하지 않는 사람은 악어도 좋아하지 않는다.
- 악어를 좋아하지 않는 사람은 물소도 좋아하지 않는다.

[결론]

A : 하마를 좋아하지 않는 사람은 물소도 좋아하지 않는다.

B : 악어를 좋아하는 사람은 하마를 좋아한다.

① A만 옳다.

② B만 옳다.

③ A, B 모두 옳다.

④ A, B 모두 틀렸다.

⑤ A, B 모두 알 수 없다.

정답해설 조건들을 정리하면 다음과 같다.

하마를 좋아하지 않음 → 악어를 좋아하지 않음 → 물소를 좋아하지 않음

'하마를 좋아하지 않음(p) → 악어를 좋아하지 않음(q)'이 참이므로

그 대우인 '악어를 좋아함($\sim q$) → 하마를 좋아함($\sim p$)' 역시 참이 된다.

따라서 A와 B의 말은 모두 옳다.

[20~24] 제시된 내용을 읽고 물음에 답하시오.

총 문항 수 : 5문항 | 총 문제풀이 시간 : 4분 10초 | 문항당 문제풀이 시간 : 50초

이 문제 중요!

20 J사의 임원단은 A, B, C, D, E, F 총 6명이다. 이번 달 실시된 임원회의에 E는 병가중이라 참석하지 못했고, 4명의 임원만이 참석했다. 아래 제시된 조건에 따를 때 임원회의에 참석한 사람을 모두 고른 것은?

[조건]

- A와 B 중에서 한 명이 참석하였다.
- D와 E 중에서 한 명이 참석하였다.
- 만일 C가 참석하지 않았다면 D도 참석하지 않았다.
- 만일 B가 참석하지 않았다면 F도 참석하지 않았다.

① A, B, C, D
② A, B, C, F
③ A, C, D, F
④ B, C, D, E
⑤ B, C, D, F

- E가 병가로 참석하지 못했으므로 두 번째 조건에 따라 D는 참석하였음을 알 수 있다.
- 세 번째 조건의 대우(D가 참석하였다면 C도 참석하였다.)도 성립하므로 C도 참석하였다.
- 네 번째 조건에 따라 B가 참석하지 않은 경우 F도 참석하지 않았는데 이 경우 최대 참석자는 3명(A, C, D)이 되어 문제의 조건에 맞지 않는다. → B가 참석했고, F도 참석했음을 알 수 있다.
- B가 참석했으므로 첫 번째 조건에 따라 A는 참석하지 않았음을 알 수 있다.

따라서 B, C, D, F가 임원회의에 참석하였다.

정답 19 ③ | 20 ⑤

21 **지아는 금고의 비밀번호 네 자리를 기억해 내려고 한다. 비밀번호에 대한 단서가 다음과 같을 때, 사실이 아닌 것은?**

[단서]

- 비밀번호를 구성하고 있는 어떤 숫자도 소수(素數)가 아니다.
- 6과 8 중 한 숫자만 비밀번호에 해당한다.
- 비밀번호는 짝수로 시작한다.
- 비밀번호는 큰 수부터 작은 수 순서로 나열되어 있다.
- 같은 숫자는 두 번 이상 포함되지 않는다.

① 비밀번호는 짝수이다.

② 비밀번호의 앞에서 두 번째 숫자는 4이다.

③ 비밀번호는 1을 포함하지만 9는 포함하지 않는다.

④ 제시된 모든 단서를 만족시키는 비밀번호는 세 가지이다.

⑤ 제시된 모든 단서를 만족시키는 비밀번호에는 0이 반드시 포함된다.

정답 해설 단서를 정리해보면 다음과 같다.

- 첫 번째 조건에 따라 비밀번호에 소수(2, 3, 5, 7)는 포함되지 않으므로 비밀번호를 구성하는 숫자는 0, 1, 4, 6, 8, 9이다.
- 세 번째 조건과 네 번째 조건에서 비밀번호를 구성하는 숫자에서 9가 제외된다는 것을 알 수 있다. 따라서 0, 1, 4, 6, 8이 비밀번호를 구성하는 숫자가 된다.
- 다섯 번째 조건에 따라 모든 숫자가 한 번씩만 사용된다는 것을 알 수 있다.
- 두 번째 조건에서 6이나 8은 하나만 들어간다고 했으므로 가능한 비밀번호는 '8410' 또는 '6410' 두 가지이다.

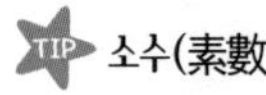

소수(素數)

1과 그 자신 이외의 자연수로는 나눌 수 없는 자연수를 뜻한다.

예 2, 3, 5, 7…

이 문제 중요!

22 게임을 하기 위해 A, B, C, D, E, F, G, H, I는 세 명씩 세 팀으로 편을 나누려고 한다. 다음 조건을 만족시키는 경우 팀을 바르게 연결한 것은?

[조건]

- A와 B는 같은 팀이 될 수 없다.
- E는 G와 같은 팀이 될 수 없다.
- F와 G는 같은 팀이어야 하며, B와 같은 팀이 될 수 없다.
- D와 H는 같은 팀이어야 한다.
- C는 I와 같은 팀이어야 하며, B와 같은 팀이 될 수 없다.

① A, C, E
② B, E, I
③ C, D, H
④ A, F, G
⑤ E, I, H

- 첫 번째 조건에 의해 (A, ?, ?), (B, ?, ?), (?, ?, ?)으로 나누어진다.
- 세 번째와 네 번째, 다섯 번째 조건에 따라 (A, ?, ?), (B, D, H), (?, ?, ?)으로 나누어진다는 것을 알 수 있다.
- C와 I가 같은 팀이 되고, F와 G가 같은 팀이 되면서 두 번째 조건을 만족시키려면 (A, F, G), (B, D, H), (C, E, I)로 팀이 나누어진다.

23 **지상 5층짜리 건물에 A, B, C, D, E의 5개의 상가가 들어서려고 한다. 다음 조건에 따라 한 층에 하나의 상가만이 들어설 수 있다. 주어진 조건을 만족시켰을 때 반드시 참인 것은?**

[조건]

- B는 A의 바로 위층에 위치한다.
- C는 반드시 4층에 위치한다.
- D, E는 서로 인접한 층에 위치할 수 없다.

① A는 5층에 위치한다.

② D는 1층에 위치할 수 없다.

③ B는 D보다 아래층에 위치한다.

④ B는 2층 또는 3층에 위치한다.

⑤ E는 A보다 무조건 위층에 위치한다.

정답 해설 제시된 조건에 따라 정리하면 다음과 같다.

5층	E	D	E	D
4층	C	C	C	C
3층	D	E	B	B
2층	B	B	A	A
1층	A	A	D	E

① A는 1층 또는 2층에 위치한다.

② D는 1층에 위치할 수 있다.

③ B가 D보다 위층에 위치하는 경우가 존재한다.

⑤ E가 A보다 아래층에 위치하는 경우가 존재한다.

24 다음 조건에 따를 때 E사에 입사한 재상이가 가지고 있는 자격증은 최대 몇 개인가? (자격증은 (가), (나), (다), (라), (마) 5종류이다.)

[조건]

- E사에 지원하기 위해서는 반드시 (가)자격증을 가지고 있어야 한다.
- (다)자격증을 취득하기 위해서는 먼저 (나)자격증을 취득해야 한다.
- (가)자격증 시험에 지원하기 위해서는 (라)자격증을 가지고 있어야 한다.
- (라)자격증 시험에 지원하기 위해서는 (마)자격증을 취득하고, 1년 이상의 기간이 경과하여야 한다.
- (나)자격증을 가지고 있는 사람은 (마)자격증 시험에 지원할 수 없고, (마)자격증을 취득하면 (나)자격증 시험에 지원할 수 없다.

① 1개　　② 2개
③ 3개　　④ 4개
⑤ 5개

1DAY 2DAY 3DAY

- 첫 번째 조건에 따라 재상이는 (가)자격증을 가지고 있다.
- 세 번째 조건에서 (가)자격증을 취득하기 위해서는 (라)자격증이 있어야 한다고 했으므로 재상은 (라)자격증도 가지고 있다.
- 네 번째 조건에 따라 재상은 (마)자격증도 가지고 있어야 한다.
- 다섯 번째 조건에 따라 재상은 (나)자격증은 가지고 있지 않다.
- 두 번째 조건에 따라 재상은 (다)자격증도 취득할 수 없다.

따라서 재상이 가지고 있는 자격증은 (가), (라), (마) 세 개다.

소요시간		채점결과	
목표시간	16분 50초	총 문항수	24문항
실제 소요시간	( )분 ( )초	맞은 문항 수	( )문항
초과시간	( )분 ( )초	틀린 문항 수	( )문항

기출유형분석

문제풀이 시간 : 20초

▶ 다음 밑줄 친 부분에 들어갈 문장으로 알맞은 것을 고르시오.

- 혈당이 낮아지면 혈중 L의 양이 줄어든다.
- 혈중 L의 양이 줄어들면 시상하부에서 호르몬 B가 분비된다.
- 그러므로, ________________

① 혈당과 호르몬 B의 분비는 아무런 관련이 없다.

② 혈당은 호르몬 B의 분비와 관련이 없을 수도 있다.

③ 혈당이 낮아지면 시상하부에서 호르몬 B가 분비된다.

④ 혈당이 낮아지면 호르몬 비타민을 맞아야 한다.

⑤ 혈중 L의 양은 건강과 아무런 관련이 없다.

정답 해설 '혈당이 낮아짐 → 혈중 L의 양이 줄어듦 → 시상하부에서 호르몬 B가 분비됨'이므로 혈당이 낮아지면 시상하부에서 호르몬 B가 분비된다.

핵심 정리 **삼단논법**

두 개의 명제로 대전제와 소전제를 이루고, 한 명제가 결론이 되는 형태이다. 삼단논법은 전제의 성격에 따라 정언삼단논법, 가언삼단논법, 선언삼단논법으로 구분된다.

정답 ③

[01~12] 다음 물음에 대한 알맞은 답을 고르시오.

총 문항 수 : 12문항 | 총 문제풀이 시간 : 6분 | 문항당 문제풀이 시간 : 30초

01 다음 밑줄 친 부분에 들어갈 문장으로 알맞은 것을 고르면?

- 오늘 별똥별이 떨어지면 내일 비가 올 것이다.
- 바다가 기분이 좋으면 별똥별이 떨어진다.
- 바다는 아름답다.
- 따라서 ________________

① 바다가 아니면 아름답지 않다.
② 바다가 아름다우면 내일 별똥별이 떨어질 것이다.
③ 오늘 바다가 기분이 좋으면 내일 비가 올 것이다.
④ 바다가 아름다우면 오늘 별똥별이 떨어질 것이다.
⑤ 오늘 별똥별이 떨어지지 않으면 내일 비가 오지 않는다.

정답 해설 ③ 바다가 기분이 좋으면 별똥별이 떨어지고, 별똥별이 떨어지면 다음날 비가 올 것이라고 했으므로 '오늘 바다가 기분이 좋으면 내일 비가 올 것이다'라는 명제는 참이다.
①, ⑤ 명제의 '이'로 항상 참인 것은 아니다.

02 다음 밑줄 친 부분에 들어갈 문장으로 알맞은 것을 고르면?

- 미영이는 토익 시험에서 연재보다 20점 더 받았다.
- 연아의 점수는 미영이 보다 10점이 적다.
- 그러므로, ________________

① 연재의 점수가 가장 높다.
② 연아의 점수가 가장 높다.
③ 미영이와 연재의 점수는 같다.
④ 연아의 점수는 연재의 점수보다 낮다.
⑤ 연아와 연재의 점수 차는 10점이다.

정답 해설 미영 > 연아 > 연재의 순으로 점수가 높으며, 각각의 점수 차는 10점이다.

03 다음 밑줄 친 부분에 들어갈 문장으로 알맞은 것을 고르면?

- A는 봄을 좋아하고, B는 여름을 좋아한다.
- D는 특별히 좋아하거나 싫어하는 계절이 없다.
- C는 A의 의견과 동일하다.
- 따라서 ______________________

① C는 봄을 좋아한다.
② D는 사계절을 모두 싫어한다.
③ B는 겨울을 싫어한다.
④ C는 여름도 좋아한다.
⑤ D는 여름을 싫어한다.

정답 해설 C는 A의 의견과 동일하다고 했으므로 C도 봄을 좋아한다.

이 문제 좋요!

04 다음 밑줄 친 부분에 들어갈 문장으로 알맞은 것을 고르면?

- A를 구매하는 사람은 B를 구매한다.
- C를 구매하지 않는 사람은 B도 구매하지 않는다.
- C를 구매하는 사람은 D를 구매하지 않는다.
- 따라서 ______________________

① A를 구매한 사람은 D를 구매하지 않는다.
② B를 구매하는 사람은 C를 구매하지 않는다.
③ C를 구매하는 사람은 A를 구매하지 않는다.
④ B를 구매하지 않는 사람은 C도 구매하지 않는다.
⑤ A를 구매한 사람은 B, C, D를 모두 구매한다.

정답 해설 ① 두 번째 문장의 대우 명제는 'B를 구매하는 사람은 C를 구매한다'이므로 'A를 구매 → B를 구매', 'B를 구매 → C를 구매', 'C를 구매 → D를 구매하지 않음'이 성립한다. 따라서 'A를 구매하는 사람은 D를 구매하지 않는다'가 성립한다.
② B를 구매하는 사람은 C를 구매한다.
③ C를 구매하는 사람은 D를 구매하지 않는다.
④ 두 번째의 문장의 '역'에 해당하므로, 항상 참이라 할 수 없다.
⑤ A를 구매한 사람은 B와 C는 구매하지만 D는 구매하지 않는다.

05 다음 밑줄 친 부분에 들어갈 문장으로 알맞은 것을 고르면?

- 이번 수학 시험에서 민정이가 가장 높은 점수를 받았다.
- 정연이는 수학 시험에서 86점을 받아 2등을 했다.
- 가영이는 지난 수학 시험보다 10점 높은 점수를 받았다.
- 따라서 ______________________

정답 03 ① | 04 ① | 05 ③

① 가영이는 민정이와 같은 수학 점수를 받았다.
② 가영이는 정연이보다 높은 수학 점수를 받았다.
③ 민정이의 수학 점수는 86점보다 높다.
④ 가영이는 정연이보다 10점 낮은 점수를 받았다.
⑤ 민정이는 지난 수학 시험보다 높은 점수를 받았다.

정답 해설 수학 시험에서 민정이는 가장 높은 점수를 받았고, 2등을 한 정연이가 86점을 받았으므로 민정이의 수학 점수는 86점보다 높다.

06 다음 밑줄 친 부분에 들어갈 문장으로 알맞은 것을 고르면?

- 모든 나무는 산을 좋아한다. 그리고 약간의 짧은 ▲는 나무이다.
- 그러므로, ______________________

① 모든 나무는 ▲이다.
② 모든 긴 ▲는 산을 싫어한다.
③ 모든 긴 ▲는 산을 좋아한다.
④ 어떤 짧은 ▲는 산을 좋아한다.
⑤ 약간의 짧은 ▲는 산을 싫어한다.

정답 해설 약간의 짧은 ▲는 나무이고, 모든 나무는 산을 좋아하므로, 어떤 짧은 ▲는 산을 좋아한다.

이 문제 중요!

07 다음 밑줄 친 부분에 들어갈 문장으로 알맞은 것을 고르면?

- 진달래를 싫어하지 않는 사람은 알로에를 싫어한다.
- 국화를 좋아하는 사람은 해바라기도 좋아한다.
- 알로에를 좋아하는 사람은 선인장을 싫어하지 않는다.
- 해바라기를 좋아하는 사람은 진달래를 싫어한다.
- 그러므로 ______________________

① 진달래를 싫어하는 사람은 해바라기를 좋아한다.
② 선인장을 좋아하는 사람은 알로에를 싫어한다.
③ 국화를 좋아하는 사람은 진달래를 싫어한다.
④ 알로에를 좋아하지 않는 사람은 해바라기를 좋아하지 않는다.
⑤ 진달래를 좋아하는 사람은 알로에도 좋아한다.

정답 해설 국화를 좋아하는 사람 → 해바라기를 좋아하는 사람 → 진달래를 싫어하는 사람
① 명제가 참일 때 역도 반드시 참인 것은 아니다.
② '싫어하지 않는다'의 반대말은 '싫어한다'이고, '좋아한다'의 반대말은 '좋아하지 않는다'이다.

08 다음 밑줄 친 부분에 들어갈 문장으로 알맞은 것을 고르면?

- 종탁이는 준영이의 사촌 오빠이다.
- 소영이와 준영이는 자매이다.
- 미라는 종탁이의 누나이다.
- 따라서, ______________________

정답 06 ④ | 07 ③ | 08 ③

① 미라는 준영이와 동갑이다.
② 종탁이와 소영이는 나이가 같다.
③ 미라는 소영이와 사촌 간이다.
④ 소영이는 준영이보다 나이가 많다.
⑤ 미라는 준영이보다 나이가 적다.

정답해설 종탁이는 준영이의 사촌 오빠이고, 미라는 종탁이의 누나이므로 나이 순으로 나열하면 '미라 > 종탁 > 준영'이다. 소영이의 경우, 준영이와 자매라는 것만 제시되어 있으므로 나이를 알 수 없다.

③ 미라와 종탁은 남매이고 소영과 준영은 자매인데, 종탁과 준영이 사촌지간이므로, 미라와 소영이도 사촌 간임을 알 수 있다.

09 다음 밑줄 친 부분에 들어갈 문장으로 알맞은 것을 고르면?

- 모든 텔레비전은 어떤 DVD이다.
- 모든 비행기는 책이다.
- 모든 라디오는 비행기이다.
- 어떤 책은 텔레비전이다.
- 그러므로 ________________

① 어떤 책은 어떤 DVD이다.
② 모든 라디오는 어떤 DVD이다.
③ 모든 텔레비전은 어떤 책이다.
④ 모든 라디오가 책인 것은 아니다.
⑤ 모든 라디오는 어떤 책이다.

정답해설 첫 번째 문장 '모든 텔레비전은 어떤 DVD이다'이고, 네 번째 문장 '어떤 책은 텔레비전이다'이므로 '어떤 책은 어떤 DVD이다'가 성립한다.

10 다음 문장으로부터 올바르게 추론한 것을 고르면?

- 초콜릿을 좋아하는 사람은 모두 우유도 좋아한다.
- 우유를 좋아하는 사람은 모두 두유를 싫어한다.
- 연수는 초콜릿을 좋아한다.

① 연수는 두유를 좋아한다.
② 연수는 단 것을 싫어한다.
③ 연수는 두유를 싫어한다.
④ 초콜릿을 좋아하는 사람은 두유를 좋아한다.
⑤ 두유를 싫어하는 사람은 모두 우유를 좋아한다.

정답 해설 초콜릿을 좋아하는 사람은 모두 우유를 좋아하고, 우유를 좋아하는 사람은 모두 두유를 싫어한다. 따라서 초콜릿을 좋아하는 연수는 두유를 싫어한다.

11 다음 문장으로부터 올바르게 추론한 것을 고르면?

- 소담이는 진호보다 먼저 약속장소에 도착했다.
- 진호는 약속 때마다 가장 늦게 도착한다.
- 오늘 영미는 소담이보다 일찍 약속장소에 도착했다.

① 진호와 소담이 중에 누가 먼저 도착했는지 알 수 없다.
② 영미는 진호보다 약속장소에 먼저 도착했다.
③ 영미는 항상 가장 먼저 약속장소에 도착한다.
④ 진호는 오늘 가장 일찍 약속장소에 도착했다.
⑤ 소담이는 항상 약속장소에 먼저 도착한다.

정답 09 ① | 10 ③ | 11 ②

정답 해설 진호는 약속 때마다 가장 늦게 도착한다고 하였다. 그리고 약속장소에 소담이는 진호보다 먼저, 영미는 소담이보다 일찍 도착하였으므로 영미 – 소담 – 진호 순으로 도착했다. 따라서 영미는 진호보다 먼저 약속장소에 도착했음을 알 수 있다.

12 다음 문장으로부터 올바르게 추론한 것을 고르면?

- 정희는 직업이 교사이고, 은혜는 회사원이다.
- 현우는 소설가이다.
- 창명이는 현우의 동생과 같은 직업으로 회사원이다.

① 현우의 동생은 회사원이다.
② 은혜는 현우의 동생이다.
③ 창명이와 은혜는 같은 회사에 다니고 있다.
④ 은혜와 현우의 동생은 같은 직업이지만 다른 회사에 다니고 있다.
⑤ 창명이와 현우 동생은 같은 부서에서 일한다.

정답 해설 창명이는 현우의 동생과 같은 직업으로 회사원이라고 했으므로 현우의 동생은 회사원이다.

기출유형분석

문제풀이 시간 : 15초

▶ 다음 주어진 명제를 이용하여 마지막 문장의 '참, 거짓, 알 수 없음'을 판단하시오.

- 모든 A종 공룡은 가장 큰 B종 공룡보다 크다.
- 어떤 C종 공룡은 가장 큰 B종 공룡보다 작다.
- 모든 B종 공룡은 가장 큰 D종 공룡보다 크다.

어떤 C종 공룡은 가장 작은 A종 공룡보다 작다.

① 참이다 ② 거짓이다 ③ 알 수 없다

정답해설 '모든 A종 공룡 > 모든 B종 공룡 > 모든 D종 공룡'임을 알 수 있다. A종 공룡은 모두 가장 큰 B종 공룡보다 크고 일부 C종 공룡은 가장 큰 B종 공룡보다 작다고 하였으므로, 어떤 C종 공룡은 가장 작은 A종 공룡보다 작다는 내용이 반드시 참임을 알 수 있다.

핵심정리 **논지 전개 방식**

- **연역법** : 일반적 사실이나 원리를 전제로 하여 개별적인 특수한 사실이나 원리를 결론으로 이끌어 내는 추리 방법을 이른다. 경험에 의하지 않고 논리상 필연적인 결론을 내게 하는 것으로, 삼단논법이 그 대표적인 형식이다. 예 모든 사람은 잘못을 저지르는 수가 있다. 모든 지도자도 사람이다. 그러므로 지도자도 잘못을 저지르는 수가 있다.
- **귀납법** : 개별적인 특수한 사실이나 원리를 전제로 하여 일반적인 사실이나 원리로서의 결론을 이끌어 내는 연구 방법을 이른다. 특히 인과관계를 확정하는 데에 사용된다.
  - 일반화 : 사례들을 제시한 후 그를 통해 다른 사례들도 모두 마찬가지라는 결론을 도출 예 국어는 소리, 의미, 어법의 3요소로 이루어져 있다. 영어도 마찬가지이다. 중국어도 마찬가지이다. 그러므로 모든 언어는 소리, 의미, 어법의 3요소로 이루어져 있다.
  - 유추 : 서로 다른 범주에 속하는 두 대상 간에 존재하는 유사성을 근거로 구체적 속성도 일치할 것이라는 결론을 도출 예 지구에는 생물이 산다. 화성에는 지구와 마찬가지로 공기, 육지, 물이 있다. 따라서 화성에도 생물이 살 것이다.

정답 ①

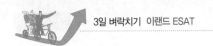

[01~08] 다음 주어진 명제를 이용하여 마지막 문장의 '참, 거짓, 알 수 없음'을 판단하시오.

총 문항 수 : 8문항 | 총 문제풀이 시간 : 2분 40초 | 문항당 문제풀이 시간 : 20초

01

- 그는 수요일 아침에만 커피를 마신다.
- 오늘은 수요일이 아니다.

그는 오늘 커피를 마실 것이다.

① 참이다 ② 거짓이다 ③ 알 수 없다

정답 해설 그는 수요일 아침에만 커피를 마시는데 오늘은 수요일이 아니므로 그가 오늘 커피를 마실 것이라는 문장은 거짓이다.

02

- 이를 닦는 사람은 청결하다.
- 세탁하지 않는 사람은 청결하다.

청결한 사람은 이를 닦는다.

① 참이다 ② 거짓이다 ③ 알 수 없다

청결한 사람은 이를 닦는다는 문장은 주어진 명제의 '역'에 해당하므로 항상 참인지 알 수 없다.

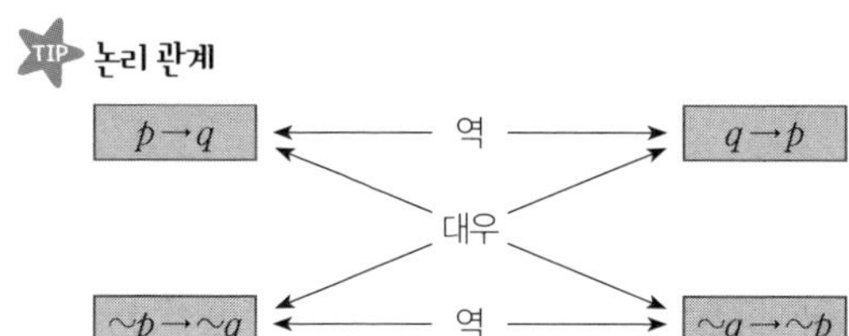

- 승미는 학교에 가장 먼저 도착한다.
- 영록이는 승미보다 20분 늦게 등교한다.
- 명국이는 영록이보다 10분 일찍 등교한다.

영록이가 가장 늦게 등교한다.

① 참이다　　② 거짓이다　　③ 알 수 없다

승미 – 명국 – 영록의 순으로 등교하므로 영록이가 가장 늦게 등교한다.

이 문제 중요!

04

• 일주일 중에 4일은 비가 내렸다.
• 비가 수요일부터 이틀 연달아 내렸다.
• 일요일에 비가 내리고 다음날은 맑았다.

화요일은 맑은 날씨였다.

① 참이다 ② 거짓이다 ③ 알 수 없다

정답 해설 일주일 중에 비가 내린 날은 수요일, 목요일, 일요일이다. 월요일은 날씨가 맑았고 화요일, 금요일, 토요일 중에 하루는 비가 내린 날인데 그 중 어느 날인지는 알 수 없다.

이 문제 중요!

05

• 하늘이는 커피는 좋아하지만 녹차는 싫어한다.
• 기쁨이는 커피, 녹차, 홍차를 모두 싫어한다.
• 희망이는 녹차는 싫어하지만 홍차는 좋아한다.

하늘, 기쁨, 희망이는 모두 녹차를 싫어한다.

① 참이다 ② 거짓이다 ③ 알 수 없다

○ : 좋아함, × : 싫어함, ? : 알 수 없음

구분	커피	홍차	녹차
하늘	○	?	×
기쁨	×	×	×
희망	?	○	×

06

- 한 판이 8조각인 피자를 형과 나, 동생이 나누어 먹었다.
- 동생이 나보다 피자 1조각을 더 먹었다.
- 형은 나보다 피자 1조각을 더 먹었다.

나는 피자 3조각을 먹었다.

① 참이다 ② 거짓이다 ③ 알 수 없다

내가 3조각을 먹었다면 형과 동생은 각각 4조각을 먹은 것으로 이들이 먹은 피자는 모두 11조각이다. 그러나 피자 한 판은 8조각이므로 마지막 문장은 성립하지 않는다. 따라서 거짓이다.

정답 04 ③ | 05 ① | 06 ②

07

- 희수는 평소 자동차를 타고 출근한다.
- 희수는 비가 오는 날에는 전철을 이용하여 출근한다.
- 오늘은 새벽부터 비가 내려 퇴근 시간에나 그칠 것이다.

희수는 오늘 전철을 타고 출근할 것이다.

① 참이다 ② 거짓이다 ③ 알 수 없다

정답 해설 오늘은 새벽부터 비가 내리고 있고, 희수는 비가 오는 날에는 전철을 이용하여 출근한다고 했으므로 희수는 오늘 전철을 타고 출근할 것이다.

08

- A는 C의 이모다.
- D는 A의 아버지다.
- B는 C의 아버지다.

B는 D의 아들이다.

① 참이다 ② 거짓이다 ③ 알 수 없다

정답 해설 B는 D의 사위이다.

[09~10] 주어진 명제를 이용하여 문장의 '참, 거짓, 알 수 없음'을 판단하시오.

총 문항 수 : 2문항 | 총 문제풀이 시간 : 40초 | 문항당 문제풀이 시간 : 20초

- A회사에선 일주일에 3일은 업무, 2일은 휴식, 2일은 여행을 한다.
- 비오기 전날은 여행하지 않는다.
- 비오는 날은 업무를 보지 않는다.
- 이번 주 화요일, 목요일, 토요일에 비가 왔다.
- 일요일은 항상 휴식을 취한다.

09 업무를 보는 날은 월요일, 수요일, 금요일이다.

① 참이다　② 거짓이다　③ 알 수 없다

	월	화	수	목	금	토	일
비							
업무	○	×	○	×	○	×	×
휴식	×		×		×		○
여행	×		×		×		

10 이번 주 목요일과 토요일에 여행을 간다.

① 참이다　② 거짓이다　③ 알 수 없다

정답해설 휴식을 취하는 날을 확실히 알 수 없으므로 화요일, 목요일, 토요일 중에서 언제 여행을 갈지는 알 수 없다.

정답 07 ① | 08 ② | 09 ① | 10 ③

[01~06] 다음 지문에 해당하는 논리적 오류를 고르시오.

총 문항 수 : 6문항 | 총 문제풀이 시간 : 2분 | 문항당 문제풀이 시간 : 20초

01

꿈은 무의식의 세계이다. 인생은 한낱 꿈에 불과하다. 그러므로 인생은 무의식의 세계이다.

① 합성의 오류
② 분할의 오류
③ 복합 질문의 오류
④ 애매어의 오류
⑤ 잘못된 유추의 오류

정답해설 '꿈'이라는 말의 의미를 혼용하여 생기는 '애매어의 오류'를 범하고 있다.

02

어떤 생명공학자는 세계 최초로 인간 체세포의 핵을 인간 난자에 주입해 핵이식 난자를 만든 다음, 전기자극을 통해 세포분화를 유도함으로써 배반포 단계까지 발육시키는 데 성공하였다. 그러나 그 생명공학자는 논문의 작성 과정과 내용에 조작 의혹이 제기되어 연구가 중단된 적이 있다. 따라서 그가 발표한 결과는 믿을 수가 없다.

① 우연의 오류
② 애매어 사용의 오류
③ 인신 공격의 오류
④ 흑백 논리의 오류
⑤ 성급한 일반화의 오류

정답해설 제시문은 어떤 사람의 인품, 직업, 과거의 정황 등을 트집 잡아 비판하는 '인신 공격의 오류'를 범하고 있다.

03

왕이 음악을 듣고 크게 기뻐하자, "가야는 이미 망한 나라인데, 그 나라의 음악을 취하는 것은 온당치 못한 일입니다." 하고 신하들이 간언하였다.

① 도박사의 오류
② 전건 부정의 오류
③ 연민에 호소하는 오류
④ 발생학적 오류
⑤ 무지에 호소하는 오류

정답 해설 제시문은 어떤 사실이나 이념 또는 사물의 기원을 그것의 속성으로 잘못 생각하여 발생하는 '발생학적 오류'를 범하고 있다.

04

한 가정의 생활비 중 50% 가까이를 사교육비로 지출하는 게 우리나라요, 한 나라에서 17조 원에 달하는 돈이 사교육비로 든다는 것이 우리의 현실이다. 따라서 한 가정의 생활비 중에서 사교육비가 차지하는 비중을 줄여야만 우리의 교육이 선진화될 수 있다.

① 공통 원인의 오류
② 의도 확대의 오류
③ 성급한 일반화의 오류
④ 원칙 혼동의 오류
⑤ 잘못된 인과 관계의 오류

정답 해설 지문은 인과 관계가 없는 두 사건이 시간상으로 동시에 또는 선후 관계가 성립한다는 이유로 한 사건이 다른 사건의 원인이라고 규정할 때 생기는 '잘못된 인과 관계의 오류'를 범하고 있다.

정답 01 ④ | 02 ③ | 03 ④ | 04 ⑤

05

이 가방은 값이 싸다. 값이 싼 것은 쉽게 망가진다. 그러므로 이 가방은 쉽게 망가질 것이다.

① 성급한 일반화의 오류
② 은밀한 재정의의 오류
③ 우연의 오류
④ 순환 논증의 오류
⑤ 원인 오판의 오류

정답 해설 '값이 싸다'라는 단어의 의미를 '싸구려'라는 의미로 자의적으로 재정의함으로써 생기는 '은밀한 재정의의 오류'를 범하고 있다.

06

내가 가고 싶은 곳이 프랑스라면 나는 여행을 하고 싶은 것이다. 그러나 내가 지금 가고 싶은 곳은 프랑스가 아니다. 그러므로 나는 지금 여행을 가고 싶은 것이 아니다.

① 애매문의 오류
② 분해의 오류
③ 의도 확대의 오류
④ 전건 부정의 오류
⑤ 강조의 오류

정답 해설 전건 부정에서 후건 부정을 타당한 결론으로 받아들이는 '전건 부정의 오류'를 범하고 있다.

기출유형분석

⏰ 문제풀이 시간 : 50초

▶ 다음 제시된 오류와 관련이 있는 것은?

어제 하루 동안 우리 빵집에서 팔린 빵의 종류를 보니 피자빵보다 초코빵이 더 많았다. 그러므로 우리 동네 사람들은 피자빵보다 초코빵을 더 좋아하는 것이 틀림없다.

① 민지는 뜨거운 음식을 잘 못먹는다. 그러므로 민지는 카페에서 무조건 차가운 음료를 사 먹을 것이 분명하다.
② 오늘 아침에 미역국을 먹고 와서 이번 시험을 망친 것이 틀림없어!
③ 우리는 고등학교 동창이잖아. 그러니 너는 나를 뽑아줄 것이 분명해!
④ 왜 싸우고 그러니? 가서 방청소나 하거라!
⑤ 저번 크리스마스에 눈이 왔으니 올해 크리스마스에도 분명 눈이 올 거야.

정답해설 지문은 어제 단 하루의 사례로부터 '우리 동네 사람들은 피자빵보다 초코빵을 더 좋아한다'라는 성급한 일반화의 오류를 범하고 있다. 이와 같은 오류를 범하고 있는 것은 ⑤이다.
① 흑백 사고의 오류
② 잘못된 인과 관계의 오류
③ 사적 관계에의 호소
④ 논점 일탈의 오류

핵심정리 **논리적 오류**

- **심리적 오류** : 논지에 대해 심리적으로 설득시키려 할 때 범하는 오류
  - 감정에의 호소 : 동정, 연민, 공포, 증오 등의 감정에 호소해서 논지를 받아들이게 하는 오류
  - 사적 관계에의 호소 : 정 때문에 논지를 받아들이게 하는 오류
  - 군중에의 호소 : 군중 심리를 자극하여 논지를 받아들이게 하는 오류
  - 부적합한 권위에의 호소 : 논지와 직접적인 관련이 없는 권위자의 견해를 근거로 신뢰하게 하는 오류
  - 인신공격 : 주장하는 사람의 인품, 직업, 과거 정황을 트집 잡아 비판하는 오류
  - 원천 봉쇄의 오류 : 반론의 가능성이 있는 요소를 원천적으로 비난하여 봉쇄하는 오류
- **자료적 오류** : 자료(논거)에 대해 잘못 판단할 때 범하는 오류
  - 성급한 일반화의 오류 : 제한된 정보, 부적합한 증거, 대표성을 결여한 사례를 근거로 일반화하는 오류
  - 잘못된 유추의 오류 : 비유를 부당하게 적용함으로써 발생하는 오류

정답 05 ② | 06 ④

– 무지에의 호소 : 증명할 수 없거나 알 수 없음을 들어 거짓이라고 추론하는 오류
– 논점 일탈의 오류 : 논점과 관계없는 것을 제시하여 무관한 결론에 이르게 되는 오류

• **언어적 오류** : 언어를 잘못 사용하여 범하는 오류
– 애매어의 오류 : 둘 이상의 의미를 가진 말을 애매하게 사용함으로써 생기는 오류
– 은밀한 재정의의 오류 : 용어의 의미를 자의적으로 재정의하여 사용함으로써 생기는 오류
– 애매문의 오류 : 어떤 문장의 의미가 두 가지 이상으로 해석되는 오류
– 강조의 오류 : 문장의 어느 한 부분을 강조하여 발생하는 오류
– 사용과 언급을 혼동하는 오류 : 사용한 말과 언급한 말을 혼동해서 생기는 오류

정답 ⑤

[07~12] 다음 제시된 오류와 관련이 있는 것은?

총 문항 수 : 6문항 | 총 문제풀이 시간 : 3분 | 문항당 문제풀이 시간 : 30초

07

친구가 아니면 적(敵)이다.

① 남을 위해 살아 봐야 알아주지도 않으니 나만을 위해 살겠다.
② 제정신을 가진 사람이라면 우리의 제안을 반대하지 않을 것이다.
③ 인기 있는 배우들이 출연하는 영화는 모두 재미있다.
④ 한식집의 김치가 맛있으면 그 집의 다른 음식도 맛있다.
⑤ 컴퓨터와 사람은 유사한 점이 많으니 컴퓨터도 사람처럼 감정을 느낄 것이다.

정답 해설 지문은 흑백 사고의 오류이다.
① 흑백 사고의 오류
② 원천 봉쇄의 오류
③ · ④ 결합 · 분해의 오류
⑤ 잘못된 유추의 오류

08

김○○은 전라도 지역 대통령 후보입니다. 우리가 이번 선거에서 김○○을 뽑아주지 않는다면 어느 지역에서 뽑아주겠습니까?

① 불쌍한 어린 생명들이 죽어가고 있습니다. 우리 모두 헌혈에 동참합시다.

② 이 최신 휴대폰은 다양한 기능이 있어. 대학가에서 이 휴대폰을 사지 않은 학생이 없을 정도라니까.

③ 당신은 내 아내야. 그러므로 당신이 나를 전적으로 믿고 따라주지 않으면 나는 세상을 살아갈 힘이 없어.

④ 그 정치인은 우리의 좋은 친구임에 틀림없다. 그가 우리에게 직접 그렇게 말했으니까. 그리고 그 좋은 친구가 우리에게 거짓말을 할 리 없을 테니까.

⑤ 이 아파트가 얼마나 좋은 아파트인줄 아니? 톱스타 ○○○도 몇 년 째 이 아파트에서 살잖아?

1DAY 2DAY 3DAY

정답 해설 지문은 사적 관계에의 호소에 의한 오류이다.

③ 사적 관계에의 호소에 의한 오류
① 감정에의 호소에 의한 오류
② 군중에 호소하는 오류
④ 순환 논증의 오류
⑤ 부적합한 권위에 호소하는 오류

정답 07 ① | 08 ③

09

그들은 제가 마치 뛰어난 웅변가나 되는 것처럼 말하였습니다. 그러나 저는 대단한 웅변가가 아닙니다. 이 점으로 보아 그들을 완전히 거짓말쟁이라고 하지 않을 수 없습니다.

① 그 남자는 미남이 아니다. 그러므로 그는 추남임이 틀림없다.
② 이제는 정말 날 좋아하는 거지?
③ 김 씨는 어제 회사에 1시간이나 늦게 왔다. 이로 보아 그는 결코 신용할 수 없는 사람이다.
④ 내 충고를 받아들이지 않으면 차후에 일어나는 모든 사태의 책임은 너에게 있음을 분명히 해 두자.
⑤ 너희들은 왜 먹을 것을 가지고 싸우니? 빨리 방에 들어가서 공부나 해!

정답 해설

지문은 성급한 일반화의 오류이다.
③ 성급한 일반화의 오류
① 흑백 사고의 오류
② 복합 질문의 오류
④ 공포 · 위력 등 감정에 호소하는 오류
⑤ 논점 일탈의 오류

10

"청소년들의 자살 문제가 아주 심각합니다. 여러분께서는 이 문제를 해결하기 위하여 어떻게 해야 한다고 생각하십니까?"

"자살은 주위의 사람들을 슬프게 하고 그 자신을 낳아 주시고 길러 주신 부모님에 대한 예의가 아니라고 생각합니다. 따라서 자살은 어떻게 해서든지 막아야 한다고 봅니다."

① 너는 말을 논리적으로 하니 네 말이 옳아. 그런데, 내 책은 언제 돌려 줄거니? 논리적인 사람이 왜 그렇게 행동하니?

② 뇌사를 사망으로 인정해야 할지, 어떨지 알 수가 없어요. 그러나 교황께서 뇌사를 인정하시지 않으니 뇌사를 사망으로 보는 것은 옳지 않다고 생각합니다.

③ 저는 좀 더 많은 월급을 받아야 한다는 것을 아실 수 있을 것입니다. 저에게는 양육해야 할 어린 자식들이 여럿 있고, 아내마저 건강이 좋지 않기 때문입니다.

④ 등산은 건강에 좋은 운동이다. 그러므로 심장이 좋지 않은 은희는 매일 아침 가파른 산을 오르내리면서 심장을 튼튼하게 하는 것이 좋다.

⑤ 현대는 경쟁 사회이다. 이 시대에 내가 살아남기 위해서는 남이 나를 쓰러뜨리기 전에 내가 남을 쓰러뜨려야 한다.

지문은 청소년 자살 문제의 해결 방안을 찾는 것이 논점인데, 그 해결 방안의 제시 없이 자살이 옳지 않으므로 막아야 한다는 것만 주장하고 있으므로, 논점 일탈의 오류이다.

① 논점 일탈의 오류
② 권위에의 호소
③ 연민에의 호소
④ 우연의 오류
⑤ 흑백 논리의 오류

정답 09 ③ | 10 ①

11

오늘날 많은 나라에서 사형제도가 그대로 유지되는 것은 사형이 곧 복수(復讐)이기 때문이다. 정부나 사회가 피해자의 대리로서 범인에게 복수한다는 것이다. 그러나 그것은 복수로서는 지나친 감이 있다. 왜냐하면 사형수는 선고가 내려진 순간부터 죽음보다 더 무거운 고뇌를 경험해야 하며, 그의 근친은 사회에서 냉대를 받아야 하기 때문이다.

또한 피해자의 대리격인 정부나 사회가 결코 무죄하다고 할 수는 없으며, 범죄에 대해서 큰 책임이 있다. 나쁜 정치가는 범인 못지않게 악질이며, 정치는 범죄를 자극한 책임이 있는 것이다. 가령, 프랑스에서 살인을 범한 자는 대개가 음주자의 아들이거나 알코올중독자이지만, 정부는 주세를 많이 징수하기 위해서 음주를 권하고 있다. 즉, 자기들에게 이익을 주는 자를, 더욱 죄를 범하게 하여 그들을 죽인다.

① 너는 뭘 잘했다고 그래? 영어 시험 점수는 나보다 형편없으면서.
② 소금을 많이 먹으면 혈압이 높아져 죽을 확률이 높아진다는 것도 모르니?
③ 오늘은 운전면허 시험을 보지 않는 게 좋겠어. 간밤에 넘어지는 꿈을 꾸었거든.
④ 그녀는 언제나 차분하고 예뻐서, 이 일도 책임감 있게 잘 처리할 것 같아.
⑤ 커피와 사람은 유사한 점이 많아. 그러니 커피도 사람처럼 따뜻한 온기를 품고 있는 거야.

정답 해설 지문은 의도하지 않은 결과나 행위에 대해 의도가 작용했다고 보는 의도 확대의 오류이다.
② 의도 확대의 오류
① 역공격의 오류
③ 인과관계의 오류
④ · ⑤ 잘못된 유추의 오류

12

여기 아폴로 신전 저 안쪽 지성소에는 아폴로의 왕좌인 삼각형의 청동제 제단이 있었는데, 그 위에는 50세가 넘은 농부 여인을 여사제를 삼아 앉혔다고 한다. 신탁 받을 우선권을 얻으려는 자들은 양이나 염소, 그 밖의 동물을 제물로 바치고, 길조이면 지성소 가까이에 있는 방에서 자기 차례를 기다렸다는 것이다. 그들은 납판대에 자기들의 문제를 써서 제출하기로 되어 있었는데, 그 당시 사용했던 그런 납판대가 많이 발견됐다고 한다. 여사제는 앉기 전에 카스타리아 샘에서 목욕을 하고 카소티스의 샘물을 마신 뒤 월계수 잎을 씹고 나서 틈 사이로 뿜어 나오는 연기에 도취되어, 말의 연결이 잘 안 되는 어구들을 중얼거리면 기다리고 있던 승려가 이를 번역하는데, 이 글이 애매하기로 유명하였다.

그 대표적인 예가 리디아의 왕 크로이소스가 600파운드나 되는 황금 사자를 제물로 드리고 받았다는 신탁이다. 왕은 페르시아와 전쟁을 해야 할지 말아야 할지를 결정하려고 신탁을 구하게 되었다. 그런데 "만일, 그가 페르시아와의 전쟁을 한다면, 그는 대국(大國)을 멸망시킬 것이다."라는 신탁이 내려졌다고 한다.

그리하여 크로이소스는 페르시아를 섬멸시키려는 전쟁을 일으켰으나 패했다. 그 후, 고생 끝에 그 곳을 다시 찾아와 그 신탁에 대하여 항의하게 되었다. 그랬더니 그 항의를 받은 승려는 위의 신탁을 곰곰이 생각하고 나서, 그 신탁은 틀림없이 맞았다는 것이다. 즉, "크로이소스는 분명히 대국을 멸했다. 그의 왕국 리디아는 대국이었으며, 그 대국을 멸했으니 말이다."

① 이 학습서는 우리나라 제일의 국어 학습서야. 이 책은 서한샘 선생이 쓴 책이거든.

② 그의 논문은 믿을 수 없다. 왜냐하면 그는 지난번에 학생 식당에 식대를 지불하지 않았기 때문이다.

③ 수증기는 물의 입자이다. 물의 입자는 너무 작아서 육안으로 볼 수 없다. 그러므로 수증기는 눈에 보이지 않는다.

④ '그는 양이 크다.'고 말한 것은, 그의 식사량이 크다는 것이 아니었다. 그의 마음이 넓은 것을 말한 것이다.

⑤ 산소는 불이 잘 타게 하는 성질을 가지고 있지. 물은 산소와 수소로 되어 있잖아. 그러니 물도 불이 타게 하는 성질을 갖고 있어.

정답 11 ② | 12 ④

지문은 '대국'이 어느 나라를 가리키고 있는지 애매하여 크로이소스는 잘못된 판단을 내렸다.

④ 애매어의 오류
① 권위에의 호소
② 어떤 사람의 직책, 직업, 나이, 행적 등의 정황을 논리적 근거로 내세움으로써 발생하는 인신공격의 오류
③ 결합 · 분해의 오류
⑤ 부분의 속성을 전체도 가진다고 단정하는 데서 생기는 합성의 오류

소요시간		채점결과	
목표시간	14분 20초	총 문항수	34문항
실제 소요시간	( )분 ( )초	맞은 문항 수	( )문항
초과시간	( )분 ( )초	틀린 문항 수	( )문항

2. 독해(1)

기출유형분석 ⏰ 문제풀이 시간 : 40초

▶ 다음 빈칸에 들어갈 단어들이 순서대로 알맞게 나열된 것을 고르시오.

신분 상승은 문화를 통해서만 이루어진다. 그런데 문화는 오랜 시간의 학습을 통해서만 형성된다. 일례로 어릴 때부터 미술과 음악을 가까이 했던 사람만이 어른이 되어서도 미술과 음악을 즐길 수 있다. 현대사회에서 음악이나 미술은 더 이상 가난한 천재의 고통스러운 수고를 통해 얻어진 결실이 아니다. 그것은 이제 계급적인 (㉠)가 되었다. 불평등은 경제 분야에만 있는 것이 아니라, 오히려 문화 분야에서 더욱 두드러진다. 재벌 총수나 거리의 미화원이 똑같은 스테이크와 똑같은 김치찌개를 먹을 수는 있지만, 베르디의 음악을 즐기는 상류층의 취향을 하류층은 이해할 수 없다. 경제와 마찬가지로 문화에서도 사람들은 표면적으로는 평등하지만 실제적으로는 사회적 상황과 교육수준에 따라 (㉡)이다. 결국 문화적 고귀함은 일부 계층에게만 존재한다. 그러므로 진정 사회적 (㉢)을/를 이루고 싶다면 문화를 저변에 보급하는 교육에 관심을 기울여야 한다.

	㉠	㉡	㉢
①	사치재	천차만별	평등
②	사치재	천편일률	격차
③	가치재	천차만별	계급
④	가치재	천편일률	창조
⑤	공공재	천차만별	발전

㉠ **사치재** : 소득이 증가하는 폭보다 더 큰 폭으로 소비가 증가하는 재화
㉡ **천차만별** : 여러 가지 사물이 모두 차이가 있고 구별이 있음

오답 해설

- **가치재** : 소득 수준에 관계없이 모든 사람에게 필요한 것으로 간주하는 재화 또는 서비스
- **공공재** : 모든 사람들이 공동으로 이용할 수 있는 재화 또는 서비스
- **천편일률** : 여럿이 개별적 특성이 없이 모두 엇비슷한 현상을 비유적으로 이르는 말

정답 ①

[01~15] 다음 빈칸에 들어갈 단어들이 순서대로 알맞게 나열된 것을 고르시오.

총 문항 수 : 15문항 | 총 문제풀이 시간 : 10분 | 문항당 문제풀이 시간 : 40초

01

자기를 표현하는 수단으로서의 몸에 대한 관심은 자본주의의 상품화 논리에 (㉠)되면서 오히려 자기 몸을 (㉡)시키고 있다. 대중 매체를 통해 확산되는 상품으로서의 몸 이미지와 외모 지향적 가치관은 매력적인 몸에 대한 (㉢)을 강화하고, 사람들을 다이어트를 통한 날씬한 몸매 만들기 대열에 합류시킨다. 이처럼 대중 매체 속에서 만들어진 획일화된 몸 이미지는 우리에게 더 이상 몸은 없고 몸 이미지만 남게 한다.

	㉠	㉡	㉢
①	지배	소외	강박관념
②	이용	해방	갈망
③	좌우	지속	강박관념
④	미혹	해방	갈망
⑤	예속	혹사	자신감

정답해설 ㉠ **지배** : 외부의 요인이 사람의 생각이나 행동에 적극적으로 영향을 미침
㉡ **소외** : 어떤 무리에서 기피하여 따돌리거나 멀리함
㉢ **강박관념** : 마음속에서 떨쳐 버리려 해도 떠나지 아니하는 억눌린 생각

02

'생물다양성'이란 원래 한 지역에 살고 있는 생물의 종이 얼마나 다양한가를 표현하는 말이었다. (㉠) 오늘날에는 종의 다양성은 물론이고, 각 종이 가지고 있는 (㉡) 다양성과 생물이 살아가는 생태계의 다양성까지를 포함하는 개념으로 (㉢)해서 사용한다. 특히 최근에는 생태계를 유지시키고 인류에게 많은 이익을 가져다준다는 점이 부각되면서 생물다양성의 가치가 크게 주목받고 있다.

	㉠	㉡	㉢
①	그리고	생물학적	응용
②	그리고	유전적	제한
③	그런데	생물학적	축소
④	그런데	유전적	확장
⑤	즉	생물학적	포괄

㉠ **그런데** : 앞의 내용과 상반되는 내용을 이끌 때 쓰는 접속 부사
㉡ **유전적** : 유전성을 가지는, 또는 그런 것
㉢ **확장** : 범위, 규모, 세력 따위를 늘려서 넓힘

TIP 접속 부사

- **순접 관계** : 뒷문장이 앞 문장의 내용을 이어받아 연결하는 관계
  ㉮ 그리고, 그러므로, 그래서, 그리하여, 따라서, 이와 같이 등
- **역접 관계** : 뒷문장이 앞 문장의 내용을 부분 또는 전면적으로 부정하는 관계
  ㉮ 그러나, 그래도, 그렇지만, 하지만 등
- **대등 · 병렬 관계** : 앞 문장과 뒷문장이 동등한 지위의 내용으로 서로 대비되거나 반복되는 관계
  ㉮ 그리고, 또는, 또한, 이에 반해, 혹은
- **첨가 · 보충 관계** : 뒷문장이 앞 문장의 내용을 덧붙여 보충하거나 앞 문장의 내용을 강조하는 관계
  ㉮ 그리고, 게다가, 더구나, 아울러
- **환언 · 요약 관계** : 뒷문장에서 앞 문장의 내용을 바꾸어 말하거나 짧게 간추려 요약하는 관계
  ㉮ 결국, 말하자면, 요컨대, 즉 등
- **전환 관계** : 뒷문장에서 앞 문장의 내용과는 다른 내용을 서술하여 화제를 바꾸는 관계
  ㉮ 그런데, 그러면, 다음으로, 한편 등

03

환유는 인접성을 바탕으로 사물이나 관념을 지칭하는 (㉠)을 갖고 있다. (㉡) '주전자가 끓고 있다.'라는 표현에서 실제 끓고 있는 것은 주전자의 물이지만, '주전자'라는 용기의 이름이 그 내용물을 지칭한다. 이러한 지칭 기능은 (㉢) 사이의 인접성에서 비롯된다. 우리가 '주전자가 끓고 있다.'라는 표현을 '물이 끓고 있다.'로 이해하는 것은 '주전자'와 '물' 사이에 밀접한 인접성이 있어서 의미 연상을 통한 의미 전이가 신속하고도 자연스럽게 이루어지기 때문이다.

	㉠	㉡	㉢
①	성질	예를 들면	자연물
②	성질	그러나	자연물
③	특성	특히	가치물
④	특성	또한	인공물
⑤	특성	가령	지시물

㉠ **특성** : 일정한 사물에만 있는 특수한 성질
㉡ **가령** : 가정하여 말하여, 이를테면
㉢ **지시물** : 가리켜 보이는 물건

이 문제 중요!

04

최근에 새로운 (㉠)의 공연 예술가들이 등장하기 시작하였다. 그들은 춤과 연극의 경계를 허무는 한편, 기승전결을 지닌 기존의 작품 구조를 해체한 새로운 형식을 (㉡)하고자 하였다. 무엇보다도 논리와 이성이 (㉢)되지 않은 신체의 언어를 중요하게 사용함으로써, 춤에서는 연극처럼 배우들이 말을 하고, 연극에서는 춤처럼 배우들의 몸짓 표현을 강조하게 되었다. 연출가들은 극장의 무대에서 공연하기도 하고, 극장이 아닌 길거리나 들판 혹은 공장과 같은 일상 공간을 무대로 활용하기도 하였다. 이를 위해서 연출가들은 문자로 쓰인 대본에 의존하기보다는 배우들의 경험을 바탕으로 한 즉흥적인 연출을 시도하였다. 나아가 자신들의 공연을 영화로 옮기기도 하였다.

	㉠	㉡	㉢
①	장르	연출	개입
②	장르	추구	관여
③	경향	창조	투영
④	경향	선택	포함
⑤	형태	모방	채택

㉠ 경향(傾向) : 현상이나 사상, 행동 따위가 어떤 방향으로 기울어짐
㉡ 창조(創造) : 전에 없던 것을 처음으로 만듦
㉢ 투영(投映) : 어떤 상황이나 자극에 대한 해석, 판단, 표현 따위에 심리 상태나 성격을 반영함
• 장르(genre) : 하나에서 둘 이상으로 갈라져 나간 낱낱의 부분이나 계통
• 개입(介入) : 자신과 직접적인 관계가 없는 일에 끼어듦

05

고려 말에 이르기까지는 국가에서 도자의 생산과 유통을 (㉠)하였다. 서남 해안 일부 지역에 설치되었던 관요에서는 국가의 강력한 보호와 규제 속에 상감청자 등이 만들어지고 있었다. 이 도자들은 왕실과 사원, 귀족층을 위한 제품으로 만들어졌기 때문에 그 (㉡)이 일정했다. 국가의 철저한 (㉢) 아래 도공들은 독점적 생산자로서 지위를 유지할 수 있었지만, 동시에 신분의 구속과 강력한 규제를 받아야만 했다.

	㉠	㉡	㉢
①	공유	품질	지도
②	관장	품질	감독
③	소비	가격	감독
④	간섭	가격	지도
⑤	독점	가격	보호

정답해설

㉠ **관장(管掌)** : 업무를 맡아 주관함

㉡ **품질(品質)** : 물건의 성질과 바탕

㉢ **감독(監督)** : 일이나 사람 따위가 잘못되지 아니하도록 살피어 단속함

06

신문이 특정 후보를 공개적으로 지지하는 것은 사회적 가치에 대한 신문의 (㉠)을/를 분명히 드러내는 행위이다. (㉡) 그로 인해 보도의 공정성을 담보하는 데에 어려움이 따를 수도 있다. (㉢) 신문은 지지 후보의 표명이 보도의 공정성을 해치지 않는지 신중하게 따져 보아야 하며, 독자 역시 지지선언의 함의를 분별할 수 있는 혜안을 길러야 할 것이다.

	㉠	㉡	㉢
①	견해	또는	결국
②	견해	예컨대	따라서
③	입장	하지만	따라서
④	입장	그래서	결국
⑤	주장	가령	결국

1DAY 2DAY 3DAY

㉠ **입장** : 당면하고 있는 상황
㉡ **하지만** : 서로 일치하지 아니하거나 상반되는 사실을 나타내는 두 문장을 이어 줄 때 쓰는 접속 부사
㉢ **따라서** : 앞에서 말한 일이 뒤에서 말할 일의 원인, 이유, 근거가 됨을 나타내는 접속 부사

07

우리가 어렸을 때 하는 일은 대부분 어린 시절에 부모를 (㉠)하여 배운 것을 바탕으로 두고 있다. 이런 행동이 추상적이고 고상한 도덕률의 원칙과 일치하기 때문에 우리는 특별한 행동을 하고 있는 듯한 (㉡)에 빠지기 쉽지만, 실제로는 어린 시절에 부모를 (㉠)하면서 우리 몸에 깊이 배어든, 그리고 오래 전에 잊혀진 '인상'에 복종하고 있을 뿐이다. (㉢)이/가 관습과 '믿음'을 바꾸기가 그토록 어려운 이유는 우리가 조심스럽게 감추고 있는 본능적인 충동과 아울러 이런 인상에 무조건 복종하기 때문이다.

	㉠	㉡	㉢
①	보조	판단	우리
②	이탈	상태	개인
③	지배	욕망	국민
④	모사	망상	인간
⑤	모방	착각	사회

㉠ **모방(模倣)** : 다른 것을 본뜨거나 본받음
㉡ **착각(錯覺)** : 어떤 사물이나 사실을 실제와 다르게 지각하거나 생각함
㉢ **사회(社會)** : 같은 무리끼리 모여 이루는 집단
- **모사(模寫)** : 사물을 형체 그대로 그림. 또는 그런 그림
- **망상(妄想)** : 이치에 맞지 않은 망령된 생각

08

어떠한 경우라도 완전한 능력 지배 사회는 (㉠)될 수 없을 뿐만 아니라, 자기 모순적인 관념이다. 이미 지적한 대로 능력 지배 사회는 결과적으로 볼 때 매우 (㉡)할 것이다. 이러한 사회 질서에서 특권층은 그들 자녀에게 유리한 점을 물려줄 수 있을 것이다. 이는 능력 지배를 (㉢)할 것이다. 결국 상대적으로 평등한 소비에트 형태의 사회, 즉 부가 자녀의 출세를 보증하지 못하는 사회에서조차 특권층은 그들의 후손에게 유리한 점을 전해줄 수 있다.

	㉠	㉡	㉢
①	보호	평등	제안
②	보호	중요	변화
③	실현	불평등	파괴
④	실현	불안	해결
⑤	보존	불합리	능가

㉠ **실현** : 꿈, 기대 따위를 실제로 이룸
㉡ **불평등** : 차별이 있어 고르지 아니함
㉢ **파괴** : 조직, 질서, 관계 따위를 와해하거나 무너뜨림

09

현대 사회에서는 두 가지 형태의 (㉠)가 두드러진다. 하나는 밑바닥 층을 (㉠)하는 것으로, 그들은 사회가 제공하는 기회의 주류로부터 차단되어 있다. 다른 하나는 상층부에서의 자발적인 (㉠), 즉 '엘리트의 반란'인데, 이것은 좀 더 부유한 집단이 공공 제도에서 물러나는 것이다. 이들은 사회에 나머지 사람들로부터 (㉡)된 생활을 선택한다. (㉢)은/는 요새 같은 지역에서 살기 시작하고, 공공 교육 제도와 공공 의료 제도로부터 철수한다.

	㉠	㉡	㉢
①	묘사	개별화	엘리트
②	배제	분리	특권층
③	정의	특권화	주류
④	참여	우선시	그들
⑤	방어	유리	소수

정답 해설 ㉠ **배제(排除)** : 받아들이지 아니하고 물리쳐 제외함
㉡ **분리(分離)** : 서로 나뉘어 떨어짐. 또는 그렇게 되게 함
㉢ **특권층(特權層)** : 사회적으로 특권을 누리는 신분이나 계급

10

예술 작품의 의미는 (㉠)의 특정한 순간에 만나게 되는 감상자에 의해 해석된다. 그런데 의미를 해석하기 위해서는 반드시 일정한 준거 틀이 있어야 한다. 준거 틀이 없다면 해석은 감상자의 (㉡) 이해를 벗어나기 어렵기 때문이다. 해석의 준거 틀 역할을 하는 것이 바로 참조 체계이다. 감상자가 예술 작품과 만나는 역사적 순간의 참조 체계는 과거와는 다른 새로운 관계를 만들어내며, 이러한 새로운 관계에 의거해 감상자는 예술 작품으로부터 새로운 의미를 (㉢)해 낸다.

	㉠	㉡	㉢
①	역사	주관적	생산
②	예술	주관적	묘사
③	삶	복합적	모방
④	인생	복합적	분석
⑤	과거	독창적	창조

- **복합적(複合的)** : 두 가지 이상의 합쳐 있는, 또는 그런 것
- **독창적(獨創的)** : 다른 것을 모방함이 없이 새로운 것을 처음으로 만들어 내거나 생각해 내는, 또는 그런 것

1DAY 2DAY 3DAY

11

일반적으로 단기적인 효과를 가지는 음주운전의 처벌 및 단속에도 불구하고 우리나라에서 1991년 이후 전반적으로 교통사고 사망자 수의 지속적인 (㉠)가 나타나고 있는 것은, 여러 가지 장기적인 효과를 가지는 수단들과 함께 음주문화의 (㉡)인 개선이 있었기 때문인 것으로 생각된다. 음주운전 예방대책에서 (㉢)(이)나 벌금과 같은 형사적인 처벌을 강화하는 것은 별다른 효과를 나타내기 어렵고, 나타낸다고 하더라도 이것은 단기적인 효과에 불과하다는 각국의 음주운전 연구들이 제시되고 있다.

	㉠	㉡	㉢
①	증가	효과적	형량
②	증가	획일적	과태료
③	감소	지속적	과태료
④	감소	실질적	형량
⑤	감소	급진적	형량

㉡ **실질적(實質的)** : 실제로 있는 본바탕과 같거나 그것에 근거하는, 또는 그런 것
㉢ **형량(刑量)** : 죄인에게 내리는 형벌의 정도. 보통 죄인이 복역해야 할 기간을 이름

- **획일적(劃一的)** : 1. 모두가 한결같아서 다름이 없는, 또는 그런 것 2. 모두가 가지런하게 고른, 또는 그런 것
- **급진적(急進的)** : 1. 변화나 발전의 속도가 급하게 이루어지는, 또는 그런 것 2. 목적이나 이상 따위를 급히 실현하고자 하는, 또는 그런 것

12

범주들 중 소수만이 의식적인 범주화 행위에 의해 형성되었다. 그러나 대부분의 범주는 세계 안에서 기능화의 결과로서 자동적 · 무의식적으로 형성된다. (㉠) 우리가 일상적으로 새로운 범주들을 배우기는 하지만, 이러한 의식적인 (㉡) 행위를 통해 우리의 범주 체계에 대규모의 변화를 일으킬 수는 없다. 우리는 우리의 범주화 방식을 의식적으로 완전히 통제하지도 않고 또한 통제할 수도 없다. 따라서 인간이 아무리 심사숙고하여 새로운 범주들을 만들고 있다고 생각할 때에도, 무의식적 범주들은 모든 의식적 범주들의 선택에 (㉢) 한다는 것이다.

	㉠	㉡	㉢
①	비록	재범주화	개입
②	한편	범주화	개입
③	그러나	개념화	관여
④	또한	사회화	관여
⑤	즉	일상적	관여

㉠ **비록** : 아무리 그러하더라도
㉢ **개입(介入)** : 자신과 직접적 관계가 없는 일에 끼어듦

이 문제 중요!

13

현대의 고도 기술 수준 아래에서도 제주도의 이색적 경관이나 설악산의 빼어난 경관에 대한 마땅한 (㉠), 그리고 삼림의 대기 정화기능에 대한 마땅한 (㉡)는 사실상 없다고 보아야 한다. 하기는 제주도를 찾는 사람들에게 이와 흡사한 다른 경치를 권한다거나 또는 제주도의 모조품을 다른 곳에 만들어서 이를 구경시킬 수 있다고 주장할지 모른다. (㉢) 이는 마치 미술 감상을 즐기는 사람에게 모조품을 권하는 것과 흡사하다.

	㉠	㉡	㉢
①	소비재	소비재	즉
②	소비재	대체재	하지만
③	소비재	생산재	또한
④	대체재	대체재	그러나
⑤	대체재	생산재	예컨대

㉠, ㉡ **대체재** : 서로 대신하여 쓸 수 있는 관계에 있는 두 가지의 재화

- **소비재** : 개인의 욕망을 직접적으로 충족하기 위하여 소비되는 재화
- **생산재** : 생산의 과정에 쓰는 재화

14

하이브리드는 '잡종'이란 뜻으로 자동차에서는 두 가지 이상의 (㉠)을 사용하는 자동차를 말한다. 주로 휘발유 엔진과 전기모터를 사용하며, 저속주행 시에는 전기모터로 움직이다가 고속주행 시에는 휘발유 엔진과 전기모터를 함께 쓰므로 연료를 크게 아낄 수 있다. 장거리 주행이 곤란한 전기자동차의 기술적 단점을 해결하고 일반 차량의 (㉡)인 배기가스를 크게 낮춰 (㉢) 있는 미래형 자동차로 높이 평가되고 있다.

	㉠	㉡	㉢
①	전력	단점	내구성
②	동력	결점	실용성
③	전력	장점	신축성
④	동력	허점	가연성
⑤	전력	이점	상품성

㉠ **동력(動力)** : 전기 또는 자연에 있는 에너지를 쓰기 위하여 기계적인 에너지로 바꾼 것
㉡ **결점(缺點)** : 잘못되거나 부족하여 완전하지 못한 점
㉢ **실용성(實用性)** : 실제적인 쓸모가 있는 성질이나 특성

- **내구성(耐久性)** : 물질이 원래의 상태에서 변질되거나 변형됨이 없이 오래 견디는 성질
- **신축성(伸縮性)** : 물체가 늘어나고 줄어드는 성질
- **가연성(可燃性)** : 불에 잘 탈 수 있거나 타기 쉬운 성질

정답 13 ④ | 14 ②

15

아랍인들은 사라센제국의 건설 이후 동로마제국을 멸망시키고, 팔레스타인 지역을 장악하였으며, 예루살렘을 성도로 삼아왔다. 그 후 이 지역은 (㉠)이(가) 있었을 때 기독교도들에 의해 일시적으로 점령당한 기간을 제외하고는 아랍 이슬람교도들에 의해 지배되어 왔다. (㉡) 유대인들은 성경을 근거로 예루살렘은 기독교의 성지이고 그들의 땅이라고 (㉢)을/를 주장하고 나섰다. 성경에서 '약속의 땅'이라 불리는 성지가 지금은 세계에서 가장 위험한 지역으로 꼽히고 있는 아이러니한 상황이 연출되고 있는 것이다.

	㉠	㉡	㉢
①	십자군원정	그러나	소유권
②	백년전쟁	따라서	소유권
③	장미전쟁	반면에	경제권
④	워털루 전투	가령	경제권
⑤	크레시 전투	한편	분배권

㉠ **십자군원정** : 중세 유럽에서 기독교도들이 성지 팔레스티나와 성도 예루살렘을 이슬람교도들로부터 다시 찾기 위해 일으킨 대원정

- **백년전쟁** : 중세 말기에 영국과 프랑스가 100여 년간 벌인 전쟁
- **장미전쟁** : 왕위 계승권을 둘러싸고 랭커스터가와 요크가의 대립으로 발생한 영국의 내란
- **워털루 전투** : 1815년 워털루에서 영국 · 프로이센 군대가 백일천하를 수립한 나폴레옹 1세의 프랑스 군대를 격파한 큰 싸움
- **크레시 전투** : 백년전쟁 초기 프랑스군이 대패한 전투

소요시간		채점결과	
목표시간	10분	총 문항수	15문항
실제 소요시간	( )분 ( )초	맞은 문항 수	( )문항
초과시간	( )분 ( )초	틀린 문항 수	( )문항

3. 독해(2)

기출유형분석

문제풀이 시간 : 1분 30초

▶ 다음 글을 읽고 주제로 알맞은 것을 고르시오.

인간의 몸은 이원론적 세계관이 지배적이었던 서구 역사에서 오랫동안 정신에 종속된 하위의 존재로 홀대당해 왔다. 특히 계획과 합리적 행위를 우선시하는 산업 사회로의 발전 과정에서 인간은 자신의 몸을 훈육하도록 교육받았으며 자연히 육체의 욕구는 더욱 폄하되고 억압되었다. 그러나 현대로 오면서 몸은 새롭게 평가되기 시작했다.

기존 가치들의 전복을 꾀한 니체의 철학은 몸에 대한 새로운 이해를 하도록 이끌었다. 니체는 기존의 플라톤적 육체관을 비판하면서 몸을 철학의 중심 테마로 끌어올렸다. 즉 인간의 본질적 가치를 이성이나 영혼(정신)으로 파악했던 기존의 사고에 반대하여 몸을 인간 존재의 가장 중요한 부분으로 파악했다.

그동안 음악이나 미술과 달리 춤은 오랫동안 독립된 예술 장르로 인정받지 못했는데 이는 춤의 표현 수단이었던 몸에 대한 부정적 인식에 기인한 결과였다. 이제 춤은 몸에 대한 새로운 자각과 더불어 이성의 언어를 대치할 예술의 중심 장르로 격상되었다. 육체의 자유로운 표현으로서의 춤, 이성적 언어의 중개를 거치지 않는 직접적인 표현으로서의 춤은 현대 문명으로 인한 소외와 억압의 사슬을 끊고 자연성을 회복할 수 있는 매체로 새롭게 주목받게 된 것이다.

① 거대한 플라톤의 담론에서 파생된 여러 작은 담론들
② 몸과 춤을 주체적인 것으로 바라보려는 시각의 부상
③ 몸에 관한 관점을 단순한 사회 현상으로 치부하는 이론
④ 이성을 중시하는 이론과 몸을 중시하는 이론의 절충과 종합
⑤ 음악과 미술에 대해 춤을 독립된 예술로 변화시킨 시각의 실체

정답 해설 인간의 몸은 정신에 종속된 하위 존재로 홀대를 받았지만 몸에 대한 새로운 자각과 더불어 춤도 예술의 중심 장르로 격상되었다고 했으므로 주제로는 '몸과 춤을 주체적인 것으로 바라보려는 시각의 부상'이 적절하다.

정답 ②

[01~08] 다음 글을 읽고 주제로 알맞은 것을 고르시오.

총 문항 수 : 8문항 | 총 문제풀이 시간 : 12분 | 문항당 문제풀이 시간 : 1분~1분 30초

01

대중예술에 대한 변호를 자청하는 지식인들도 있기는 하다. 그러나 그들의 문제점은 대개 대중예술이 지닌 미적 결점을 너무 쉽게 인정해 버린다는 점이다. 그들은 고급예술을 뒷받침하는 미학적 이데올로기와, 대중예술에 대한 고급예술 지지자들의 미적 비판을 무비판적으로 지지한다. 그러면서 대중예술 자체의 미적 타당성에 호소하는 것이 아니라 사회적 필요와 민주적 원리 같은 '정상참작'에 호소한다. 예를 들어 대중문화에 대한 강력한 옹호자인 하버트 갠스도 대중문화의 미적 빈곤함과 열등함은 인정한다. 창조적 혁신, 형식에 대한 실험, 심오한 사회적 · 정치적 · 철학적 질문들의 탐구, 여러 층위에서 이해할 수 있는 깊이 등을 가진 고급예술은 더 크고 더 지속적인 미적 만족을 제공하는 반면, 대중문화는 이러한 미적 특징을 결여하고 있다는 것이다. 그러나 자신들이 즐길 수 있는 유일한 문화적 산물인 대중문화를 선택한다는 이유로 하류계층을 비난할 수는 없다고 갠스는 주장한다. 왜냐하면 그들은 고급문화를 선택하는 데 필요한 사회 · 경제적 교육 기회를 가지고 있지 못하기 때문이다. 민주 사회는 그들에게 고급문화를 즐길 수 있는 적정한 교육과 여가를 제공하고 있지 못하므로, 그들의 실제적인 취미에 대한 욕구와 기준을 충족시켜 줄 수 있는 문화로서의 대중예술을 허용해야 한다고 갠스는 주장하였다.

이것은 대중문화는 더 나은 선택을 할 수 없는 사람들에게만 유효한 것이라는 결론을 이끌 뿐이다. 대중예술은 찬양의 대상이 아니라 모든 사람이 더 높은 취향의 문화를 선택할 수 있는 충분한 교육적 자원이 제공될 때까지만 관대히 다루어져야 하는 대상이 되는 셈이다. 대중예술에 대한 이러한 사회적 변호는 진정한 옹호를 침해한다. 대중예술에 대한 옹호는 미적인 변호를 필요로 하는 것이다. 그러나 그러한 옹호가 쉽지 않은 또 하나의 이유가 있다. 우리는 고급예술로는 천재의 유명한 작품만을 생각하는 반면, 대중예술의 예로는 대중예술 중에서도 가장 평범하고 규격화된 것들을 생각한다는 점이다. 하지만 불행히도 미적으로 평범한, 심지어는 나쁜 고급예술도 많다. 고급예술에 대한 가장 열성적인 옹호자조차도 이 점은 인정할 것이다. 모든 고급예술이 흠 없는 명작들이 아니듯, 모든 대중예술이 미적 기준이 전혀 발휘되지 못한 몰취미하고 획일적인 산물인 것도 아니다. 이 두 예술 모두에서 성공과 실패의 미적 차이는 존재하며 또 필요하다.

① 대중예술과 고급예술의 구분 자체가 고급예술 옹호자들의 편견일 수 있다.
② 미적인 변호를 통한 대중예술의 옹호는 쉽지 않다.
③ 대중예술이 열등하다는 인식을 극복하기 위해 그것의 미적 특징을 밝히는 데 힘써야 한다.
④ 미적 결점에도 불구하고 대중예술이 존재하는 이유는 향유 계층의 교육 수준과 소득 수준 때문이다.
⑤ 대중예술의 미적 가치에 대한 옹호가 대중예술의 진정한 옹호이다.

정답 해설 필자는 갠스의 주장을 예로 들어 대중예술에 대한 이러한 사회적 변호는 진정한 옹호를 침해한다고 했으며, 대중예술에 대한 옹호는 미적인 변호를 필요로 한다고 주장하고 있다.

정답 01 ⑤

02

'동조(同調)'는 다른 사람의 주장에 자기의 의견을 일치시키는 것을 말하는데, 다른 사람들과 의견이 다를 경우 사람들이 불안함을 느끼는 것은 이러한 동조 현상을 바탕으로 한 감정이다.

'집단 따돌림'은 동조현상의 대표적인 유형이라고 할 수 있다. 따돌림은 비슷한 또래의 집단규범 및 관습이 유사한 구성원들 사이에서 이루어진다. 또한 그 집단 안에서 따돌림의 대상은 돌아가면서, 무차별적으로 이루어진다. 따라서 따돌림에 동조하지 않아도 함께 하지 않으면 자신이 따돌림을 받기 때문에 어쩔 수 없이 행하는 경우가 많다.

이러한 따돌림은 다른 사람들과의 다름을 인정하지 못하기 때문에 일어난다. 다른 사람의 개성을 '다름'으로 생각하고, 여럿이 함께 해야 한다는 대다수의 의견들이 모여 한 사람을 따돌리게 되는 것이다.

① 집단 따돌림의 원인과 해결 방안
② 동조현상에 기반을 둔 집단 따돌림
③ 동조현상의 다양한 유형
④ 집단 따돌림의 문제점
⑤ 집단 따돌림이 사회에 미치는 영향

정답해설 제시된 글은 동조현상을 바탕으로 한 대표적인 유형인 집단 따돌림에 관해 설명하고 있다. 집단 따돌림은 결국 다른 사람들의 개성 등을 인정하지 못하거나 받아들이지 못하는 사람들이 만들어낸 동조현상의 극단적인 유형이라고 할 수 있다.

03

세계적인 마이크로크레디트 단체인 방글라데시의 '그라민은행'은 융자를 희망하는 최저 빈곤층 여성들을 대상으로 공동 대출 프로그램을 운영하고 있다. 이 프로그램은 다섯 명이 자발적으로 짝을 지어 대출을 신청하도록 해, 먼저 두 명에게 창업 자금을 제공한 후 이들이 매주 단위로 이루어지는 분할 상환 약속을 지키면 그 다음 두 사람에게 돈을 빌려 주고, 이들이 모두 상환에 성공하면 마지막 사람에게 대출을 해 주는 방식으로 운영된다. 이들이 소액의 대출금을 모두 갚으면 다음에는 더 많은 금액을 대출해 준다. 이런 방법으로 '그라민은행'은 99%의 높은 상환율을 달성할 수 있었고, 장기 융자 대상자 중 42%가 빈곤선에서 벗어난 것으로 알려졌다.

마이크로크레디트는 아무리 작은 사업이라도 자기 사업을 벌일 인적 · 물적 자본의 확보가 자활의 핵심 요건이라고 본다. 한국에서 이러한 활동을 펼치는 '사회연대은행'이 대출뿐 아니라 사업에 필요한 지식과 경영상의 조언을 제공하는 데 주력하는 것도 이와 관련이 깊다. 이들 단체의 실험은 금융 공공성이라는 가치가 충분히 현실화될 수 있으며, 이를 위해서는 사람들의 행동과 성과에 실질적인 영향을 미칠 유효한 수단을 확보하는 일이 관건임을 입증한 대표적인 사례라고 할 수 있다.

① 자활의 핵심 요건으로서 자본 확보의 중요성
② 마이크로크레디트의 금융 공공성 실현
③ 그라민은행의 공동 대출 프로그램
④ 한국의 사회연대은행과 마이크로크레디트의 관계
⑤ 금융 공공성 실현을 위한 유효 수단 확보 방안

정답 해설 예문은 세계적인 마이크로크레디트 단체인 그라민은행의 사례를 통해 금융 공공성이라는 가치가 충분히 현실화될 수 있으며, 이를 위해서는 유효한 수단을 확보하는 일이 관건임을 입증하고 있다.

정답 02 ② | 03 ②

04

신분 상승은 문화를 통해서만 이루어진다. 그런데 문화는 오랜 시간의 학습을 통해서만 형성된다. 일례로 어릴 때부터 미술과 음악을 가까이 했던 사람만이 어른이 되어서도 미술과 음악을 즐길 수 있다. 현대사회에서 음악이나 미술은 더 이상 가난한 천재의 고통스러운 수고를 통해 얻어진 결실이 아니다. 그것은 이제 계급적인 사치재가 되었다. 불평등은 경제 분야에만 있는 것이 아니라, 오히려 문화 분야에서 더욱 두드러진다. 재벌 총수나 거리의 미화원이 똑같은 스테이크와 똑같은 김치찌개를 먹을 수는 있지만, 베르디의 음악을 즐기는 상류층의 취향을 하류층은 이해할 수 없다. 경제와 마찬가지로 문화에서도 사람들은 표면적으로는 평등하지만 실제적으로는 사회적 상황과 교육수준에 따라 천차만별이다. 결국 문화적 고귀함은 일부 계층에게만 존재한다. 그러므로 진정 사회적 평등을 이루고 싶다면 문화를 저변에 보급하는 교육에 관심을 기울여야 한다.

① 음악과 미술은 신분을 나타내는 중요한 요소이다.
② 사회적 평등을 위해서는 상류층의 취향을 가르치는 교육이 필요하다.
③ 진정한 사회적 평등을 이루려면 문화에 대한 저변 확대가 이루어져야 한다.
④ 어렸을 때부터 음악과 미술을 가까이 하는 문화 조기교육에 관심을 기울여야 한다.
⑤ 문화는 오랜 시간의 학습을 통해서 형성되는 것이므로 궁극적인 사회적 평등은 불가능하다.

정답 해설 제시문은 불평등이 경제적인 측면에서만이 아니라 문화적인 면에서도 존재하며, 특히 문화적인 면에서의 불평등은 쉽게 해결될 수 없다는 점에서 참된 사회적 평등을 이루기 위해서는 문화를 저변에 확대하는 교육이 필요하다고 주장한다. 필자의 궁극적인 주장은 마지막 문장에 잘 드러나 있다.

05

서로 공유하고 있는 이익의 영역이 확대되면 적국을 뚜렷이 가려내기가 어려워진다. 고도로 상호 작용하는 세계에서 한 국가의 적국은 동시에 그 국가의 협력국이 되기도 한다. 한 예로 구 소련 정부는 미국을 적국으로 다루는 데 있어서 양면성을 보였다. 그 이유는 구 소련이 미국을 무역 협력국이자 첨단 기술의 원천으로 필요로 했기 때문이다.

만일 중복되는 국가 이익의 영역이 계속 증가하게 되면 결국에 한 국가의 이익과 다른 국가의 이익이 같아질까? 그건 아니다. 고도로 상호 작용하는 세계에서 이익과 이익의 충돌은 사라지는 것이 아니다. 단지 수정되고 변형될 뿐이다. 이익이 자연스럽게 조화되는 일은 상호 의존과 진보된 기술로부터 나오지는 않을 것이다. 유토피아란 상호 작용 또는 기술 연속체를 한없이 따라가더라도 발견되는 것은 아니다. 공유된 이익의 영역이 확장될 수는 있겠지만, 가치와 우선순위의 차이와 중요한 상황적 차이 때문에 이익 갈등은 계속 존재하게 될 것이다.

① 주요 국가들 간의 상호 의존적 국가 이익은 미래에 빠른 속도로 증가할 것이다.
② 국가 간에 공유된 이익의 확장은 이익 갈등을 변화시키기는 하지만 완전히 소멸시키지는 못한다.
③ 국가 이익은 기술적 진보의 차이와 상호 작용의 한계를 고려할 때 궁극적으로는 실현 불가능할 것이다.
④ 세계 경제가 발전해 가면서 더 많은 상호 작용이 이루어지고 기술이 발전함에 따라 국가 이익들은 자연스럽게 조화된다.
⑤ 국가 이익이 보다 광범위하게 정의됨에 따라, 한 국가의 이익은 점차 다른 국가들이 넓혀 놓았던 이익과 충돌하게 될 것이다.

정답해설 중복되는 국가 이익의 영역이 계속 증가하더라도, 고도로 상호 작용하는 세계에서 이익 갈등은 사라지는 것이 아니라 단지 수정되고 변형될 뿐이다.

정답 04 ③ | 05 ②

06

정보화 시대에는 천문학적 양의 정보가 생산되고 저장된다. 더구나 이러한 정보의 파장 효과는 이제 우리 삶의 대응 속도와 예측 능력을 엄청난 격차로 추월해 버렸다. 급격한 변동 속에 위험을 제어할 수 없는 상황에 빠져들면서 사람들의 불안감은 증폭되는 것이다. 또한 정보화가 진행될수록 우리가 삶에서 느끼는 허무감은 점점 짙어지고 있다. 정보를 광속으로 유통시키는 정보통신 기술의 시장 침입으로 시장은 상상할 수 없을 정도로 빠르게 변하고 있다. 이 변화의 물결은 전 삶의 영역이 시장화 되는 과정으로 나타나고 있다. 그 결과 존재하는 모든 것은 상품으로서만 가치를 지니며, 그 가치는 팔릴 때만 결정된다.

이러한 환경에서 존재자의 가치, 존재와 삶의 본질은 불필요하다. 전지구적으로 급변하는 시장 환경에 처한 삶이 근거할 수 있는 진리를 찾는 것은 허망하고 비효율적인 행위다. 그것은 변화에 순발력 있게 대응해야만 존재할 수 있는 현실의 구조를 외면하는 도태과정일 뿐이다. 이제 가치는 없고 가격만이 있을 뿐이다. 또 진리는 없고 순간적으로 검색 가능한 정보만 있을 뿐이다. 이처럼 오늘날 삶의 의미와 방향이 사회적 담론의 주체로서 가치를 상실했다면, 그리하여 결국 삶이 어떠한 진리와 근원에 대해서도 사색하지 않는 허무주의로 방치되고 있다면, 삶의 심연에 드리워진 원초적 허무의 불안은 방향 상실의 좌절 속에서 더욱 더 짙어지고 그 고통의 비명은 한층 더 증폭될 수밖에 없을 것이다.

① 정보화 시대에는 존재하는 모든 것이 상품으로서의 가치를 지닌다.
② 인간은 원초적인 불안으로부터 탈출하고자 노력하는 존재이다.
③ 인간의 불안감의 원천은 본질적 가치의 상품화에 따른 삶의 방향 상실에 있다.
④ 급격한 정보통신의 발전은 인간 존재의 우울을 마비시킬 수 있는 구원의 기술이다.
⑤ 정보통신 기술이 만들어내는 가상공간 속에서 인간은 자아가 해체될 위험에 놓여 있다.

정답해설 제시문에서는 정보화 시대의 특징 중 하나인 '삶의 전 영역의 시장화'에 대해서 언급하고 있다. 정보통신 기술의 시장 침입으로 시장은 빠르게 변화하고 있으며, 존재하는 모든 것이 상품으로서의 가치를 지닌다. 이에 따라 인간 존재의 진리를 탐구하는 일은 허무하고 비효율적인 행위가 되었다. 정보화가 진행될수록 인간의 허무감이 짙어지고 불안감이 증폭되는 이유가 바로 여기에 있다.

07

진화론자는 어떠한 한 종에 대해 과거의 진화적 내용을 증명하거나 앞으로의 진화를 예견할 수 없고 단지 어떤 사실을 해석하거나 이에 대하여 이야기를 만들 뿐이다. 왜냐하면 과거 일회성의 사건은 반복되거나 실험적으로 검증할 수 없고 예견은 검증된 사실로부터 가능하기 때문이다. 이러한 관점에서 보면 진화론자와 역사학자는 닮은 점이 있다. 그러나 진화론자는 역사학자보다는 상당히 많은 과학적 이점을 가지고 있다. 즉, 상호 연관성을 가진 생물학적 법칙, 객관적 증거인 상동 기관, 일반적인 과학의 법칙 등으로부터 체계를 세울 수 있다. 상동 기관은 다양한 생물이 전혀 별개로 형성되었다기보다는 하나의 조상으로부터 출발하였다는 가설을 뒷받침하는 좋은 증거이기 때문이다. 진화론은 생물의 속성에 대해 일반적으로 예견할 수 있지만, 아직까지 진화론에는 물리학에 견줄 수 있는 법칙이 정립되어 있지 않다. 이것은 진화론이 해결할 수 없는 본질적인 특성에 기인한다.

① 진화론은 생물의 속성에 대해 일반적으로 예견할 수 있으므로, 과학으로서 인정을 받기 위해서는 법칙의 정립이 시급하다.
② 진화론이 법칙의 체계가 되기 위해서는 역사학과의 상호 연관성을 배제해야 한다.
③ 진화론은 인문 과학의 속성과 자연 과학의 속성을 모두 지니고 있다.
④ 진화론은 어떠한 한 종에 대한 과거의 진화적 사실을 검증함으로써 진화 현상에 대한 예측을 가능하게 한다.
⑤ 진화론은 객관적 증거들을 이용하여 생명 현상의 법칙을 세운다.

정답해설 진화론자와 역사학자의 닮은 점을 설명하고 진화론자가 역사학자에 비해 가지는 과학적 이점을 설명하는 글로서, 전반부에서는 진화론의 인문 과학적인 속성을, 후반부에서는 진화론의 자연 과학적 속성을 설명하고 있다.

08

말은 그 겨레의 삶의 역사 속에서 자라난, 정신적인 깊이를 간직하고 있을 뿐만 아니라 미래를 형성할 수 있는 가능성을 열어준다. 말은 그 자체가 고정적인 하나의 의미를 가진 것이 아니고 사용하는 데 따라서 새로운 의미를 갖게 된다. 또한 철학적인 의미를 표현하는 말들도 곧 통속적인 유행말로 굳어져 그 생동성과 깊이를 잃어버리고 의미가 변질될 수도 있다. 그러므로 철학자는 알맞은 말의 발견을 통해서 큰 즐거움을 맛보기도 하지만 말의 경화와 의미 상실을 통해서 큰 고통을 경험하기도 한다. 그런데 철학적인 표현뿐만 아니라 모든 언어생활에 있어서 이러한 경화와 의미 상실을 완전히 회피할 수는 없다는 데에 말의 숙명이 있다. 따라서 우리는 말을 중요하게 다루지 않을 수 없지만, 그것은 또한 언제나 이른바 '말장난'으로 타락할 수도 있다는 것을 알아야 한다. 이것을 막기 위해서 우리는 말을 위한 말에 관심을 가질 것이 아니라, 말을 통하지 않고는 드러날 수도 없고 파악될 수도 없는 현실, 그러나 또한 굳은 말의 틀 안에만 머물러 있을 수 없는 현실에 관심을 가지면서 말을 다루어야 한다.

① 오래되고 굳어진 말은 언어로서의 기능을 잃어버리게 된다.
② 말은 그 생동적 힘에 의해 철학적 의미가 거듭해서 밝혀지게 된다.
③ 철학적인 의미를 표현하는 말들은 그 생동성과 깊이를 잃어버리지 않는다.
④ 말은 현실을 묘사할 뿐만 아니라, 우리의 역사적인 삶을 창조하기도 한다.
⑤ 말의 창조적인 힘을 충분히 발휘시킬 수 있는 현실 안에서 말의 생동성을 살리는 것이 필요하다.

정답 해설 제시문은 말을 통해서만 드러나고 파악될 수 있는 현실, 틀 안에 머무르지 않는 현실에 관심을 가지고 말을 다루어야 말이 통속적으로 굳어버리거나, 의미가 변질 · 상실되는 것을 막을 수 있다고 주장하고 있다. 즉, 말이 생동감과 깊이를 잃지 않는 방안에 대해 언급하고 있음을 알 수 있다.

기출유형분석

문제풀이 시간 : 1분

▶ 다음 글을 읽고 내용과 일치하는 것을 고르시오.

정적 분석은 프로그램을 실행해 보지 않고 프로그램 내용을 살펴서 실행 중의 상황을 알아내는 방법이다. 그런데 프로그램 실행 시의 상황을 완전하게 알아내는 것은 불가능하거나 시간이 너무 오래 걸리기 때문에 정적 분석에서는 일반적으로 오차가 존재하지만 유용성이 있는 근사분석을 사용한다. 정적 분석의 오차는 두 가지로 구분될 수 있다. 프로그램 수행 시 오류가 실제 발생하는데도 발생하지 않는다고 분석할 경우 이를 '잘못된 부정(false-negative)'이라고 하며, 프로그램이 오류를 발생시키지 않는데도 발생할 수 있다고 분석하는 경우 이를 '잘못된 긍정(false-positive)'이라고 한다. 주어진 프로그램이 오류를 발생시킬 수 있을 경우에는 반드시 이를 미리 알아내어야 하며, 이를 만족하는 정적 분석을 '안전하다(sound)'라고 말한다.

① '잘못된 긍정'이 없는 정적 분석은 존재하지 않는다.
② 정적 분석 시 '잘못된 부정'보다 '잘못된 긍정'의 발생 빈도가 더 높다.
③ 프로그램을 실행한 상태에서 정적 분석을 하면 상황을 완전하게 파악할 수 있다.
④ 프로그램의 오류 발생 가능성을 미리 알아낼 수 있는 정적 분석을 '안전하다'라고 한다.
⑤ 정적 분석 시 오류가 발생함에도 발생하지 않는다고 분석하는 것을 '잘못된 긍정'이라 한다.

오답해설 ①, ② 지문에 제시된 정보만으로는 일치하는지 알 수 없는 내용이다.
③ 정적 분석은 프로그램을 실행해 보지 않고 프로그램 내용을 살피는 것으로 프로그램 실행 시의 상황을 완전하게 알아내는 것은 불가능하거나 시간이 너무 오래 걸린다.
⑤ 정적 분석에서 프로그램 수행 시 오류가 발생함에도 발생하지 않는다고 분석하는 것을 '잘못된 부정(false-negative)'이라 한다.

정답 ④

정답 08 ⑤

[01~07] 다음 글을 읽고 내용과 일치하는 것을 고르시오.

총 문항 수 : 7문항 | 총 문제풀이 시간 : 10분 30초 | 문항당 문제풀이 시간 : 1분~1분 30초

01

피를 더럽히는 주범은 쓸모없이 많은 영양분들인데 그중에서 나쁜 콜레스테롤, 중성지방이 대표적이다. 한방에서는 이렇게 순환되지 않고 죽은 피를 어혈로 본다. 건강의 암적인 요소인 어혈을 약물을 쓰지 않고 몸 밖으로 뽑아내 혈액순환을 원활하게 하는 한의학적 침법에는 금진옥액요법, 두피침요법, 어혈침요법, 청비침요법이 있다. 금진옥액요법은 혀 아래 정맥에서 상당히 많은 양의 어혈을 제거할 수 있으며 혈액순환장애로 오는 각종 질병에 특효이다. 시술한 부위에서 실타래 같은 섬유소가 많이 나오고 피가 탁할수록 어혈이 많은 상태라고 본다. 두피침요법은 두피를 침으로 가볍게 수십 차례 두드려 호흡법을 통해 두피 속의 죽은피를 흐르게 하는 사혈요법이다. 시술 즉시 눈이 맑아지며 어지럽고 머리가 아픈 데 특효이다. 어혈침요법은 팔다리에 고여 있는 어혈을 침으로 정해진 혈자리를 자극하여 탁한 피를 출혈시키는 방법이다. 손발이 붓고 차고 저린 데 탁월한 효과가 있다. 청비침요법은 콧속의 어혈을 빼내는 것으로 코가 막혀 있을 때 부어 있는 비강 내 점막을 빠르게 가라앉혀 숨 쉬기 편하게 하고 편두통 및 이마, 눈 쪽으로 통증이 있는 경우에도 효과가 빠르다.

① 금진옥요법은 제거할 수 있는 어혈량이 가장 많은 침법이다.
② 손발이 붓고 차가울 때는 어혈침요법으로 시술한다.
③ 두피침요법은 두피의 혈자리를 자극하여 탁한 피를 출혈시키는 침법이다.
④ 청비침요법은 콧속의 어혈을 빼내는 것으로 편두통 치료와는 관계없다.
⑤ 두피침요법과 청비침요법은 함께 시술하기에 상극인 요법이다.

정답 해설
① 몸 밖으로 뽑아낼 수 있는 어혈량의 참법별 비교에 대한 내용은 지문에 없다.
③ 두피침요법은 호흡을 통해 두피 속의 죽은피를 흐르게 하는 침법이다.
④ 청비침요법은 편두통 및 이마, 눈 쪽으로 통증이 있는 경우에도 효과가 빠르다.
⑤ 두피침요법과 청비침요법의 공통점 및 차이점을 비교한 내용은 지문에 없다.

02

국내 총생산은 한 나라의 경제 활동 수준을 나타내는 중요한 지표이긴 하지만, 실생활을 반영하지 못하는 성격을 갖고 있다. 시장 가격이 형성되지 않았거나, 시장 밖에서 거래되는 재화나 서비스들이 있기 때문이다. 이 때문에 실제 느끼는 생활수준과 차이가 생긴다. 대표적인 것이 주부의 가사노동이다. 주부가 집에서 빨래하고 밥하고 청소하고 아이를 키우는 것은 국내 총생산에 포함되지 않는다. 시장 가치를 매길 수 없기 때문이다. 반면에 옷을 세탁소에 맡기고 외식을 하고, 놀이방에 아이를 보내는 것은 국내 총생산에 포함된다. 또한, 시장 밖에서 이루어지는 음성적 거래를 뜻하는 지하 경제도 국내 총생산에 포함되지 않는다. 게다가 환경오염 발생이나, 범죄, 교통사고와 같이 오히려 국민의 삶의 질을 떨어뜨리는 행위가 국내 총생산을 증가시키는 결과를 빚을 수도 있다.

① 국내 총생산은 국민들의 실제 생활수준을 반영한다.
② 삶의 질을 높이는 요소만이 국내 총생산으로 포함된다.
③ 주부의 가사노동은 국내 총생산에 포함된다.
④ 국내 총생산은 음성적 거래도 포함한 개념이다.
⑤ 세탁소, 레스토랑, 놀이방 등은 시장 가격이 형성된 서비스이다.

정답 해설 주부가 집에서 하는 가사노동은 시장 가격이 형성되지 않으므로 국내 총생산에 포함되지 못하지만, 가사노동이 사회화 된 형태인 세탁소, 외식, 놀이방 등은 시장 가격이 형성되어 시장 가치를 매길 수 있으므로 국내 총생산에 포함된다.

03

우리는 모두 오류를 범하는 경향이 있으며, 국민이든 인간이라는 존재로 구성된 어떤 집단이든 이 점에서는 마찬가지이다. 내가 국민이 그 정부를 제거할 수 있어야 한다는 이념을 지지하는 이유는 단 한 가지다. 독재 정권을 피하는 데 이보다 더 좋은 길을 나는 알지 못하기 때문이다. 국민 법정(popular tribunal)으로서 이해되는 민주주의—내가 지지하는 민주주의—조차도 결코 오류가 없을 수는 없다. 윈스턴 처칠이 반어적으로 표현한 익살은 이런 사태에 꼭 들어맞는다.

'민주주의는 최악의 정부형태이다. 물론 다른 모든 정부의 형태를 제외하고'

여기서 잠깐 정리를 하면, 국민주권으로서의 민주주의의 이념과 국민의 심판대로서의 민주주의, 또는 제거할 수 없는 정부(다시 말해서, 독재 정권)를 피하는 수단으로서의 민주주의의 이념 사이에는 단순히 언어적인 차이만이 있는 것이 아니다. 그 차이는 실제적으로 커다란 함의를 갖는다.

이를테면, 스위스에서도 그것은 매우 중요하다. 교육체계에서 초등학교와 중 · 고등학교에서는 독재 정권을 피할 필요성을 주장하는 좀 더 신중하고 현실적인 이론 대신에 해롭고 이데올로기적인 국민주권이론을 찬양하고 있는 것으로 안다. 나는 독재 정권은 참을 수 없고 도덕적으로 옹호될 수 없는 것으로 여긴다.

① 국민주권이론에 비해 민주주의에 오류가 더 많다.
② 민주주의는 이념이 아닌, 현실의 시각에서 볼 때 최악의 정부 형태이다.
③ 민주주의는 독재 정권을 방지하는 데 가장 큰 의미를 갖는다.
④ 민주주의 이념 아래에서 국민들은 가장 합리적인 선택을 할 수 있다.
⑤ 국민주권으로서의 민주주의 이념과 국민의 심판대로서의 민주주의의 이념의 차이는 현실적으로 매우 구분하기가 어렵다.

정답 해설 ③ 예문에 언급된 '국민이 그 정부를 제거할 수 있어야 한다는 이념'은 민주주의를 뜻하며, 필자는 독재 정권을 피하는 데 이보다 더 좋은 길을 알지 못한다고 했다.

①, ② 보기글은 예문과 일치하지 않는다.

④ 어떤 집단이든 오류를 범하는 경향이 있으며 민주주의도 결코 오류가 없을 수는 없다.

⑤ 국민주권으로서의 민주주의 이념과 국민의 심판대로서의 민주주의의 이념의 차이는 실제적으로 커다란 함의를 갖는다.

04

자연에 존재하는 기본 구조인 프랙탈 구조에 대한 이해는 혼돈 운동을 이해하는 데 매우 중요하다는 것을 알게 되었다. 이제 물리학에서는 혼돈스런 운동을 분석할 수 있는 새로운 강력한 분석 방법을 갖게 된 것이다. 이러한 발견은 물리학계는 물론 과학계 전체에 큰 충격을 주었다. 자연에서 흔히 발견되는 무질서하고 혼란스런 운동도 규칙 운동처럼 잘 정의된 방정식으로 나타낼 수 있는 운동의 한 부분이고, 따라서 규칙 운동과 같이 분석할 수 있다는 것이다. 따라서 이러한 혼돈 현상을 결정론적 혼돈이라고 부른다. 결정론적이라는 말과 혼돈이라는 말은 상반되는 뜻을 갖고 있지만, 혼돈 현상을 나타내는 데는 적당한 표현이다. 지금까지 전통적인 방법으로 파악되지 않아서 혼돈으로 치부되던 많은 현상들이 새로운 방법으로 분석할 수 있게 됨으로써 분석 가능한 자연 현상의 영역은 매우 넓어졌다. 아직 시작된 지 얼마 안 되는 혼돈 과학의 연구가 진척되면 앞으로 자연에 대한 이해가 훨씬 넓고 깊어질 것이다.

① 프랙탈 구조는 부분이 전체 구조와 비슷하게 반복되는 규칙 운동이다.
② 프랙탈 구조는 혼돈 현상을 이해하는 전통적 방법이다.
③ 프랙탈 구조에 대한 이해는 결정론적 혼돈을 정립하는 데 큰 도움을 주었다.
④ 결정론적 혼돈을 통해 모든 자연 현상을 분석할 수 있게 되었다.
⑤ 자연에서 발견할 수 있는 규칙 운동을 결정론적 혼돈이라고 한다.

정답 해설 프랙탈 구조에 대한 이해를 바탕으로 결정론적 혼돈을 알아냄으로써, 전통적인 방법으로 파악되지 않아서 혼돈으로 치부되던 많은 현상들을 새로운 방법으로 분석할 수 있게 되었다.

05

오늘날의 국가에 대한 관념을 전근대에 투영하는 데 대해서는 심각한 비판들이 있었다. 예를 들면 국민국가 이전에는 '국경'은 없었고 '경계'만이 있었으며, 그 경계 내의 유일한 주권자인 왕과 나머지 신민의 관계에서 종족 · 문화 그리고 언어의 차이는 문제가 되지

정답 03 ③ | 04 ③ | 05 ①

않았다는 점, 민족주의가 대두하면서 민족을 단위로 해서 국가의 경계 곧 국경을 정하자는 주장이 나타났다는 점을 들어 고대사나 중세사를 민족 중심의 역사로 보지 말아야 한다고 주장하는 경우도 있었다.

하지만 우리의 전근대 국가와 사회에 대한 민족주의적 접근이 부당한 것은 아니라고 생각한다. 조선시대의 국가는 확정된 국경 위에서 단일한 종족, 단일한 언어를 바탕으로 전국토의 인민들에 대해 고도의 통합력을 행사하고 있었으며, 이것은 근대 이후에 경험하고 지향하게 되는 '민족'과 '국가'에 절대적인 기반이 되었다. 우리 전근대의 '국가'와 '민족체'를 모두 실체가 없었던 것으로 평가하는 것 역시 사실과 다르다.

포스트모더니즘 논자들은 그동안의 한국사 연구가 유럽의 역사적 경험을 보편으로 삼는 서구중심주의에서 벗어나지 못했다고 비판해왔다. 그러한 비판은 오히려 전근대 이전의 역사에 대해 민족주의적 관점을 투영하는 것을 부정하는 논자들에게 되돌려야 하리라고 생각한다. 그들이 우리 전근대 역사에서 없었다고 설명하는 '국가'와 '민족'이야말로 서구의 역사경험을 바탕으로 한 근대민족, 국민국가인 것이다. 적어도 조선시대에는 서구의 역사적 경험으로는 설명할 수 없는, 근대 민족국가로 이어지는 국가와 민족체가 분명히 존재했다. 오늘날의 민족과 국가를 과거에 투영하여 우리 역사를 설명해서는 결코 안 되지만, 과거와 현재를 연결시켜야 하는 역사학의 과제에 비추어볼 때 조선시대 국가와 민족체의 실상에 대한 탐구는 더욱 절실해진다.

① 조선시대를 민족주의적 관점에서 이해할 수 없다는 주장은 서구 역사 경험에 입각한 것으로 동의할 수 없다.

② 포스트모더니즘 논자들은 전근대 이전의 역사에 대해 민족주의적 관점을 투영하는 것을 부정하는 논자들을 비판해 왔다.

③ 조선은 민족주의가 대두하면서 민족을 단위로 한 국경이 확정된 국가체제였다는 점에서 국경은 없고 경계만 있던 서구의 전근대 국가와는 달랐다.

④ 전근대사를 민족주의적으로 접근해서는 안 된다는 주장은 한국의 경우 오늘날의 민족이 전근대에 이미 형성되었기 때문에 서구중심주의적 역사관에 지나지 않는다.

⑤ 조선시대의 국가는 계층적 · 지역적 차별의 존재로 인하여 인민에 대한 통합력을 행사하는 데 실패했다.

② 포스트모더니즘 논자들은 그동안의 한국사 연구가 유럽의 역사적 경험을 보편으로 삼는 서구중심주의에서 벗어나지 못했다고 비판해왔다.

③, ④ 보기글은 예문과 일치하지 않는다.

⑤ 조선시대의 국가는 확정된 국경 위에서 단일한 종족, 단일한 언어를 바탕으로 전 국토의 인민들에 대해 고도의 통합력을 행사하고 있었다.

06

경제학은 인간의 합리성을 가정하나 동물 근성도 잘 감안하지 않으면 안 된다. 인간은 쉽사리 감정적이 되며, 경제 사회가 불안할수록 동물 근성이 잘 발동된다. 이런 의미에서도 경제 안정은 근본 문제가 된다. 그리고 경제는 이러한 인간의 경제 행위를 바탕으로 하므로 그 예측이 어렵다. 예를 들어 일기 예보의 경우에는 내일의 일기를 오늘 예보하더라도 일기가 예보 자체의 영향을 받지 않는다. 그러나 경기 예측의 경우에는 다르다. 예를 들어 정부가 경기 침체를 예고하면 많은 사람들은 이에 대비하여 행동을 하고, 반대로 경기 회복을 예고하면 또한 그에 따라 행동하기 때문에 경기 예측 그 자체가 경기 변동에 영향을 미친다. 따라서 예측이 어느 정도 빗나가는 것이 보통이다. '될 것이다.' 또는 '안 될 것이다.'와 같은 예측은 이른바 '자기실현적 예언'이 될 소지가 크다.

① 일기 예보는 날씨 변화에 영향을 주기 쉽다.

② 경기 예측은 사람들의 행동에 영향을 미친다.

③ 경기 예측과 실제 경기 변동은 아무런 상관이 없다.

④ 인간 행동의 변화를 통해 경기 예측이 가능하다.

⑤ 경제가 불안할수록 인간의 이성적 측면이 크게 작용한다.

정답 해설

① 내일의 일기를 오늘 예보하더라도 일기가 예보의 영향으로 바뀌는 것은 아니다.

③ 경기 예측이 사람들의 행동에 영향을 미치므로 경기 변동에도 영향을 미친다. 따라서 아무런 상관이 없는 것은 아니다.

④ 경기 예측에 따라 사람들의 행동이 변화하는 것이며, 이러한 사람들의 행동이 경기 변동에 영향을 미치므로, 예측이 빗나갈 수도 있다.

⑤ 경제 사회가 불안할수록 동물 근성(감정적 측면)이 잘 발동된다고 하였다.

정답 06 ②

07

1950년대 이후 부국이 빈국에 재정 지원을 하는 개발 원조 계획이 점차 시행되었다. 하지만 그 결과는 그리 좋지 못했다. 부국이 개발 협력에 배정하는 액수는 수혜국의 필요가 아니라 공여국의 재량에 따라 결정되었고, 개발 지원의 효과는 보잘것없었다. 원조에도 불구하고 빈국은 대부분 더욱 가난해졌다. 개발 원조를 받았어도 라틴 아메리카와 아프리카의 많은 나라들이 부채에 시달리고 있다.

공여국과 수혜국 간에는 문화 차이가 있기 마련이다. 공여국은 개인주의적 문화가 강한 반면, 수혜국은 집단주의적 문화가 강하다. 공여국 쪽에서는 실제 도움이 절실한 개인들에게 우선적으로 혜택이 가기를 원하지만, 수혜국 쪽에서는 자국의 경제 개발에 필요한 부문에 개발 원조를 우선 지원하려고 한다.

개발 협력의 성과는 두 사회 성원의 문화 간 상호 이해 정도에 따라 결정된다는 것이 최근 분명해졌다. 자국민 말고는 어느 누구도 그 나라를 효율적으로 개발할 수 없다. 그러므로 외국 전문가는 현지 맥락을 고려하여 자신의 기술과 지식을 이전해야 한다. 원조 내용도 수혜국에서 느끼는 필요와 우선 순위에 부합해야 효과적이다. 이 일은 문화 간 이해와 원활한 의사 소통을 필요로 한다.

① 공여국은 수혜국의 문화 부문에 원조의 혜택이 돌아가기를 원한다.
② 수혜국은 자국의 빈민에게 원조의 혜택이 우선적으로 돌아가기를 원한다.
③ 수혜국의 집단주의적 경향은 공여국의 개발 원조 참여를 저조하게 만든다.
④ 공여국과 수혜국이 생각하는 지원의 우선 순위는 일치하지 않는다.
⑤ 수혜국이 더욱 가난해진 원인은 원조 정책에서 찾을 수 있다.

정답 해설

④ 공여국은 실제 도움이 절실한 개인에게 우선적으로 혜택이 돌아가기를 바라지만, 수혜국에서는 자국의 경제 개발에 필요한 부문에 우선적으로 지원하고자 하므로 서로 입장 차이를 보인다.
① 공여국은 개인들에게 우선적으로 원조의 혜택이 돌아가기를 원한다.
② 수혜국은 자국 경제 개발에 필요한 부문에 우선적으로 원조의 혜택이 돌아가기를 원한다.
③ 수혜국의 집단주의적 경향은 언급되었으나, 공여국의 개발 원조 계획 참여가 저조한 것과의 연관성은 언급되지 않았다.
⑤ 원조에도 불구하고 빈국들의 대부분이 더욱 가난해진 것은 사실이나, 그 가난이 원조 정책에 기인하는지에 대해서는 판단할 수 없다.

기출유형분석

문제풀이 시간 : 1분 30초

▶ 다음 글을 읽고 내용과 일치하지 않는 것을 고르시오.

관리자의 역할 중에 가장 중요한 덕목은 공과 사를 구분하는 것이다. 일반 직원과 개인적으로 어울릴 때는 격의 없이 친하게 지내야 하지만, 직원이 실수를 한 경우에는 나무라거나 충고를 할 줄도 알아야 한다. 직원에게 주의를 줄 때에는 진심을 담아 말하는 것과 사실을 중심으로 얘기하는 것이 중요하다. 사실을 얘기할 때 자료를 제시하는 것도 좋은 방법이다. 야단을 치게 된 경위를 알기 쉽게 설명하면서 '왜' 그렇게 되었는지를 생각하게 한다. 그러나 그 직원의 성격을 개입시킨다면 굉장히 난감해할 뿐만 아니라 반발이 생길수도 있다. 또한 일방적인 얘기보다 상대방에게 질문을 하면서 당사자에게 설명할 기회를 주는 것도 좋다. 질문할 때 과도하게 몰아세우거나 다른 직원과 비교하는 것은 옳은 방법이 아니다. 이 모든 것을 가능한 짧은 시간에 끝내고 마지막에 직원에게 용기가 될 수 있는 한마디를 하는 것도 잊지 말아야 한다.

① 직원을 나무랄 때 끝에 가서는 용기를 북돋워주는 말을 해주는 것이 좋다.
② 관리자는 사적인 인간관계와 공적인 업무를 구분하여 처리할 수 있어야 한다.
③ 관리자로서 잘못을 지적할 때는 사실에 입각해서 정확한 의사를 전달해야 한다.
④ 직원을 나무랄 때 그가 변명이나 앞으로의 계획을 말할 수 있는 기회를 주는 것이 좋다.
⑤ 직원을 꾸짖을 때 그의 성격 때문에 일이 그릇될 수 있음을 반드시 알려주는 것이 좋다.

정답 해설 지문에서는 관리자가 직원에게 충고를 할 때, 당사자가 난감해하거나 반발이 생길 수 있으므로 성격을 개입시키는 것은 옳지 않은 방법이라고 말하고 있다.

정답 ⑤

정답 07 ④

[01~05] 다음 글을 읽고 내용과 일치하지 않는 것을 고르시오.

총 문항 수 : 5문항 | 총 문제풀이 시간 : 7분 30초 | 문항당 문제풀이 시간 : 1분 30초

01

윤리학은 규범에 관한 진술을 연구하는 학문이다. 우리가 하나의 규범을 진술하고 있는지 아니면 가치 판단을 진술하고 있는지에 관한 문제는 단지 설명 방식의 차이에 불과하다. 규범은 예를 들어 "살인하지 마라."와 같은 명령 형식을 가지고 있다. 이 명령에 대응하는 가치 판단은 "살인은 죄악이다."와 같은 것이다. "살인하지 마라."와 같은 규범은 문법적으로 명령 형식이며, 따라서 참이거나 거짓으로 드러날 수 있는 사실적 진술로 간주되지 않을 것이다. 그러나 "살인은 죄악이다."와 같은 가치 판단은 규범의 경우와 마찬가지로 단지 어떤 희망을 표현하는 것에 불과하지만 문법적으로는 서술문의 형식을 가지고 있다. 일부 사람들은 이러한 형식에 속아 넘어가서 가치 판단이 실제로는 하나의 주장이며, 따라서 참이거나 거짓이 되어야만 한다고 생각한다. 그러므로 이들은 자신의 가치 판단에 관한 근거를 제시하고 이를 반대하는 사람들의 주장을 논박하려고 노력한다. 그러나 실제로 가치 판단은 오해의 소지가 있는 문법적 형식을 가진 명령이다. 그것은 사람들의 행위에 영향을 미칠 수 있으며 이러한 영향은 우리들의 희망에 부합하거나 부합하지 않을 뿐이지 참이거나 거짓이라고 할 수 없다.

① 가치판단은 그 문법적 형식에서 규범에 관한 진술과 구별된다.
② "도둑질 하지 마라."라는 규범을 사실적 진술로 간주해서는 안 된다.
③ "도둑질은 나쁜 일이다."와 같은 진술은 참이거나 거짓이라고 할 수 없다.
④ 윤리학은 사실적 진술을 다루는 경험과학과 그 연구대상의 성격에서 차별화되지 않는다.
⑤ "곤경에 빠진 사람을 도와주는 것은 좋은 일이다."와 같은 진술은 사람들의 태도와 행동에 영향을 미칠 수 있다.

④ 윤리학은 규범에 관련한 진술을 다루는 학문이며, 규범은 사실적 진술로 간주되지 않는다. 따라서 윤리학이 사실적 진술을 다루는 경험과학과 그 연구대상의 성격에서 차별화되지 않는다는 내용은 지문에 부합하지 않는다.

① 가치판단은 사물의 행위에 대하여 판단을 내리는 것이며 규범에 관한 진술은 문법적으로 명령 형식을 가진 것이다. 따라서 가치판단은 문법적 형식에서 규범에 관한 진술과 구별된다.

② "도둑질 하지 마라."라는 규범을 사실적 진술로 간주해서는 안 된다는 내용은 '문법적으로 명령 형식이며, 참이거나 거짓으로 드러날 수 있는 사실적 진술로 간주되지 않을 것'이라는 내용을 통해 확인할 수 있다.

③ "도둑질은 나쁜 일이다."와 같은 진술은 참이거나 거짓이라고 하기 어려운 가치판단이므로, 가치판단은 참이나 거짓이라고 할 수 없다.

⑤ '가치판단은 오해의 소지가 있는 문법적 형식을 가진 명령으로 사람들의 행위에 영향을 미칠 수 있다.'는 부분을 통해서 알 수 있다.

02

1910년대를 거쳐 1920년대에 이르러, 추상회화는 유럽인들 사이에 나타난 유토피아를 향한 희망을 반영하는 조형적 형태언어가 되었다. 이러한 경향의 대표적 미술가로는 몬드리안(1872~1944)이 있다. 몬드리안은 양과 음, 형태와 공간, 수직과 수평으로 대변되는 이원론적 원리에 근거한 기호들이 자연에 내제되어 있는 정신성을 충분히 규명할 수 있다고 믿었다. 몬드리안 회화에서 이원론적인 사유 작용은 신지학에서 유래된 것으로 몬드리안의 신조형주의 회화의 절대적 형태 요소가 된다. 여기서 신지학(Theosophy)이란 그리스어의 테오스(Theos ; 神)와 소피아(Sophia ; 智)의 결합으로 만들어진 용어이다. 이 용어가 시사하듯 신지학은 종교와 철학이 융합된 세계관으로 신플라톤주의의 이원론이 그 초석이 된다. 이것은 몬드리안 이론의 밑바탕이 되었다. 결국, 몬드리안은 점점 자연을 단순화하는 단계에서 수평과 수직의 대비로 우주와 자연의 모든 법칙을 요약하였다. 그는 변덕스러운 자연의 외형이 아니라 자연의 본질, 핵심을 구조적으로 질서 있게 파악하여 자연이 내포하고 있는 진실을 드러내고자 하였다.

정답 01 ④ | 02 ⑤

① 몬드리안은 자연의 본질을 파악하고자 하였다.
② 몬드리안의 추상회화에는 신지학의 영향이 반영되어 있다.
③ 신지학은 어원상 종교와 철학이 융합된 학문임을 알 수 있다.
④ 1920년대 유럽의 추상회화는 유토피아를 향한 희망을 반영하고 있다.
⑤ 몬드리안의 추상회화는 인간의 변덕스러운 욕망을 반영한다.

정답 해설 '그는 변덕스러운 자연의 외형이 아니라 자연의 본질, 핵심을 구조적으로 질서 있게 파악하여 자연이 내포하고 있는 진실을 드러내고자 하였다.'라는 마지막 문장을 고려할 때 잘못된 내용임을 알 수 있다.

이 문제 중요!

03

교육의 입장에서 생각해 볼 때, 민주적인 사회는 그 안의 여러 관심들이 서로 긴밀하게 관련되어 있고, 또 진보 또는 재적응이 중요한 고려사항으로 되어 있는 사회이므로, 이러한 사회를 실현하려고 하면 민주적인 사회는 다른 형태의 사회보다도 의도적이고 체계적인 교육에 더 관심을 둘 수밖에 없다. 민주주의가 교육에 열성을 가진다는 것은 잘 알려진 사실이다. 여기에 대한 피상적인 설명은, 민주주의 정치는 국민의 투표에 의존하는 만큼, 대의원들을 선출하고 그들에게 복종할 사람들이 교육을 받지 않으면 정치가 잘 될 수 없다는 것이다. 민주적인 사회는 외적 권위에 복종해야 한다는 것을 인정하지 않기 때문에, 자발적인 성향이나 관심으로 외적 권위를 대신하지 않으면 안 된다. 이 자발적인 성향과 관심은 오직 교육에 의해서만 길러질 수 있다. 그러나 이 피상적인 설명 이외에, 더 본질적인 설명이 있다. 즉, 민주주의는 단순히 정치의 형태만이 아니라, 보다 근본적으로는, 공공생활의 형식이요, 경험을 전달하고 공유하는 방식이라는 것이다. 동일한 관심사에 참여하는 개인들의 수가 점점 더 넓은 지역으로 확대되어서, 각 개인이 자신의 행동을 다른 사람들의 행동에 관련짓고 다른 사람들의 행동을 고려하여 자신의 행동의 목적이나 방향을 결정한다는 것은 곧, 계급, 인종, 국적 등 우리로 하여금 우리 자신의 행동의 완전한 의미를 파악하지 못하도록 가로막는 장애가 철폐된다는 뜻이다.

① 민주사회에서는 구성원이 다른 사람의 행동을 고려하여 자신의 행동의 목적이나 방향을 결정한다.
② 민주주의는 근본적인 면에서 정치형태보다는 공동생활의 형식이며, 경험을 전달하고 공유하는 방식으로 이해되어야 한다.
③ 민주사회의 특징은 사회 구성원 사이에 공유되는 관심의 범위가 확장되는 것이다.
④ 민주주의적 사회는 진보 또는 재적응이 중요한 고려사항으로 되어 있는 사회로 다른 형태의 사회보다 의도적이고 체계적인 교육에 더 관심을 둘 수밖에 없다.
⑤ 민주사회는 외적 권위보다는 자발적 성향과 관심이 중요하며, 그것은 오직 정치활동을 통해서 길러질 수 있다.

정답해설 ⑤는 예문에 부합하지 않는다. 민주적인 사회는 외적 권위에 복종해야 한다는 것을 인정하지 않으므로, 자발적인 성향이나 관심으로 외적 권위를 대신하지 않으면 안 되며, 이것들은 오직 교육을 통해서만 길러질 수 있다.

04

이미지를 생산 · 유포하는 기술의 급속한 발달은 우리가 이미지의 홍수에 휩쓸려 떠내려가고 있다는 느낌을 갖게 한다. 신문, 텔레비전, 컴퓨터 등을 통해 생산되고 전파되는 이미지들은 우리를 둘러싸고 있는 자연 환경과도 같이 우리 삶의 중요한 부분을 차지하고 있다.

시각적 이미지의 과도한 증식 현상과 맞물려 그에 대한 우려와 비판의 목소리도 한층 높아지고 있다. 그러한 비판의 내용은 시각 이미지의 물결이 우리의 지각을 마비시키고 주체의 성찰 기능을 앗아간다는 것이다. 시각 이미지는 바라보고 그 의미를 해독해야 할 대상으로 존재하는 것이 아니라, 우리를 자극하고 사라져 버릴 뿐이다. 더욱이 그렇게 스치고 지나가는 시각 이미지들이 현실을 덮어 버림으로써 우리의 현실감은 마비된다. 더 나아가 시공을 넘나드는 이미지의 초역사성으로 말미암아 우리의 역사 감각, 시간 의식의 작동도 불가능하게 된다.

이미지 범람 현상에 대한 또 다른 우려의 목소리도 있다. 현대의 인간이 누가 생산해 내는지도 모르는 이미지를 단순히 수동적으로 소비함으로써, 그러한 이미지를 비판하면서 주체적으로 새로운 이미지를 꿈꿀 수 있는 기회를 빼앗기게 된다는 것이다. 더욱이 컴퓨터 그래픽 등 디지털 기술의 발달은 자유롭게 가상 현실을 만들어 내는 것을 가능하게 하여 가상 현실과 실제 세계를 명확히 구분하지 못하게 한다. 이렇게 이미지에 이끌리는 인간의 삶은 결국 이미지를 통해 모든 것을 얻고, 수정하고, 모방 · 생산할 수 있다고 믿는 환상 속의 삶으로 전락하고 만다.

① 이미지의 초역사성은 인간의 현실감을 약화시키고, 더 나아가 우리의 역사 감각, 시간 의식의 작동도 불가능하게 한다.
② 이미지 과잉 현상의 문제는 이미지의 생산, 유포, 소멸과 관련되어 있다.
③ 발달된 이미지 생산 기술은 가상 세계를 실제 세계로 착각하게 할 위험이 있다.
④ 이미지를 생산하는 위치에 서지 않는 한 이미지의 범람에 효과적으로 대처할 수 없다.
⑤ 이미지의 과도한 범람은 이미지의 주체적 · 비판적 수용을 어렵게 한다.

정답 해설 ④는 예문과 부합하지 않는다. 예문에 언급된, 이미지를 단순히 수동적으로 소비함으로써 주체적으로 새로운 이미지를 꿈꿀 수 있는 기회를 빼앗기게 된다는 것을, 이미지를 생산하는 위치에 서야 한다는 뜻으로 보기에는 무리가 있다.

05

휴식이 주는 효과는 디폴트 네트워크(default network)로 설명될 수 있다. 이 영역은 우리 뇌가 소모하는 전체 에너지의 60~80%를 차지하는데, 뇌에서 안쪽 전두엽과 바깥쪽 두정엽이 이에 해당된다. 미국의 한 두뇌 연구가는 실험 참가자가 테스트 문제에 집중하면서 생각에 골몰하면 뇌의 특정 영역이 늘어나는 것이 아니라 줄어든다는 사실을 발견했다. 오히려 이 영역은 우리가 아무 생각도 하지 않을 때 늘어나기까지 했다.

한마디로 우리 뇌의 많은 부분은 정신적으로 아무 것도 하지 않을 때 그 활동을 강화하고 있는 셈이다. 디폴트 네트워크는 하루 일과 중에 긴장을 풀고 몽상을 즐길 때나 잠을 자는 동안 활발한 활동을 한다. 그러므로 정보가 유입되지 않는다 해서 우리 두뇌가 쉬는 것은 아니다.

정말로 '아무 생각 없음'이 반짝이는 아이디어를 만들어주는 것일까? 정답은 '아니다'이다. 아르키메데스도 문제에 골몰하던 중 목욕탕에서 휴식을 취하다가 아이디어가 생각났다. 여기서 중요한 것은 이미 문제에 대한 고민이 있었다는 사실이다. 다시 말해 문제에 대한 배경 지식을 갖고 있었을 뿐만 아니라 해결에 대한 열린 사고를 갖고 있었다는 것을 의미한다. 뜻밖의 발견이나 발명에 대한 대표적인 예가 '포스트잇'이다. 3M에 근무하던 아서 프라이가 악보에서 자꾸 떨어져 내리는 책갈피를 보고, 실험실에서 잠자고 있던 슈퍼 접착제를 쪽지에 발라 '포스트잇'을 탄생시켰다. 대개 이런 발명을 '세렌디피티(serendipity) 원리'라고 부른다.

① 생각에 골몰하면 뇌의 특정 영역이 줄어든다.
② 아무런 생각을 하지 않는다고 해서 뇌가 쉬는 것은 아니다.
③ 디폴트 네트워크는 외부 자극이 없을 때 활발한 활동을 하는 뇌의 영역을 말한다.
④ 디폴트 네트워크와 세렌디피티의 원리는 상반되는 개념이다.
⑤ 세렌디피티의 원리에는 행운뿐만 아니라 노력도 포함되어 있다.

정답 해설 '디폴트 네트워크'는 정신적으로 아무 것도 하지 않을 때 활동을 활발히 하는 뇌의 영역을 말하고, '세렌디피티의 원리'는 해결해야 하는 문제에 대해 열린 사고를 가지고 있어야 좋은 아이디어를 떠올릴 수 있다는 것으로 두 개념이 상반되는 것은 아니다.

②, ③ 뇌가 휴식을 취할 때 오히려 활동을 강화한다는 '디폴트 네트워크'에 따르면, 아무런 생각을 하지 않는다고 해서 뇌가 쉬는 것이 아님을 알 수 있다.

⑤ 해결해야 할 문제에 대한 배경 지식과 함께 열린 사고를 가지고 있어야 반짝이는 아이디어를 얻을 수 있다는 세렌디피티의 원리에 따르면 발명은 행운뿐만 아니라 노력도 함께 필요한 것이다.

소요시간		채점결과	
목표시간	30분	총 문항수	20문항
실제 소요시간	(　)분 (　)초	맞은 문항 수	(　　)문항
초과시간	(　)분 (　)초	틀린 문항 수	(　　)문항

정답 05 ④

[06~09] 다음 빈칸에 들어갈 알맞은 문장을 고르시오.

총 문항 수 : 4문항 | 총 문제풀이 시간 : 4분 | 문항당 문제풀이 시간 : 1분

06

힐링(Healing)은 사회적 압박과 스트레스 등으로 손상된 몸과 마음을 치유하는 방법을 포괄적으로 일컫는 말이다. 우리보다 먼저 힐링이 정착된 서구에서는 질병 치유의 대체 요법 또는 영적 · 심리적 치료 요법 등을 지칭하고 있다. 국내에서도 최근 힐링과 관련된 갖가지 상품이 유행하고 있다. 간단한 인터넷 검색을 통해 수천 가지의 상품을 확인할 수 있을 정도다. 종교적 명상, 자연 요법, 운동 요법 등 다양한 형태의 힐링 상품이 존재한다. 심지어 고가의 힐링 여행이나 힐링 주택 등의 상품들도 나오고 있다. 그러나 (   ) 우선 명상이나 기도 등을 통해 내면에 눈뜨고, 필라테스나 요가를 통해 육체적 건강을 회복하여 자신감을 얻는 것부터 출발할 수 있다.

① 의학적인 검사와 진단을 받는 것이 필요하다.
② 자신을 진정으로 사랑하는 법을 알아야 할 것이다.
③ 힐링이 먼저 정착된 서구의 힐링 상품들을 참고해야 할 것이다.
④ 이러한 상품들의 값이 터무니없이 비싸다고 느껴지지는 않을 것이다.
⑤ 많은 돈을 들이지 않고서도 쉽게 할 수 있는 일부터 찾는 것이 좋을 것이다.

정답 해설 빈칸을 기준으로 앞부분에서는 '힐링(Healing)'에 대해 정의하고, 국내에서 유행하고 있는 다양한 힐링 상품에 대해 소개하며 고가의 힐링 상품들이 나오고 있다고 언급하였다. 그러나 뒷부분에는 내면에 눈뜨고 육체적 건강을 회복하는 것이 먼저라는 내용이 있으므로, 괄호 안에는 앞서 언급한 고가의 힐링 상품에 대한 부정적인 내용이 들어가야 할 것이다 따라서 적절한 문장은 ⑤이다.

07

부르디외는 권력관계와 그것을 기반으로 하는 사회질서가 생산, 지각, 경험되는 일상생활의 장을 '아비투스(habitus)'라고 불렀다. 아비투스는 자연스러운 사회적 실천을 추동하는 배경인 동시에 개인이 경험하는 사회화의 상호작용의 축적이라고 할 수 있다. 아비투스는 몸, 몸에 대한 사고, 몸짓, 행동양식, 자세 등을 형성한다. ( ) 아비투스는 사회질서에 어울리는 방식으로 행동할 수 있는 능력과 감각을 개인에게 부여하고, 사회적 필요에서 생긴 행위를 자연스러운 몸의 반응으로 전환시킨다. 흔히 자세나 표정, 감정, 행동양식, 취향 등에서 남성적이거나 여성적인 것으로, 혹은 겸손하거나 품위 있는 것으로 여겨지는 많은 요소들은 계급질서나 성적 위계질서 등 결코 자연스럽지 않은 관계를 '자연스럽게' 경험하도록 만드는 것들이다. 이른바 상식이라는 이름하에 기존의 세계를 이미 주어진 당연한 것으로 받아들이는 것은, 제도화된 이념들에 의해 고착된 의식작용보다는 몸의 차원에서 일어난다.

① 아비투스는 선천적인 것이 아닌 후천적인 것이므로 육체를 통해 후대에 전할 수는 없다.
② 서로 다른 계층이나 집단 간의 지배관계가 지속되는 것은 몸이 특정한 사회적 기준에 적응하기 위해 과거의 기억과 행동들을 되풀이하여 스스로를 주어진 사회적 규율에 길들이기 때문이다.
③ 이렇게 해서 개인의 몸은 권력이 만들어내는 불평등한 사회관계를 수용하고 습득하고 반복한다.
④ 몸은 아비투스를 표현하는 매체일 뿐만 아니라 사회적 경험의 집적체로서 아비투스를 구성하는 요소이기도 하다.
⑤ 일상을 이루는 육체적 습관 속에 지배관계가 각인되고 체화되는 것이다.

정답 해설 앞의 문장에서 아비투스는 몸과 관련된 사고, 자세 등을 형성하며, 뒤에 문장에서 아비투스는 사회적 행위를 자연스러운 몸의 반응으로 전환시킨다고 언급하고 있으므로, 두 문장 사이에는 몸과 아비투스의 관계를 부연 설명하는 내용의 문장이 와야 한다.

08

탈근대사회의 특징은 해체(deconstruction)에 있다. 그러나 21세기 정보 사회의 핵심은 네트워킹(networking), 즉 연결에 있다. 그런데 참으로 흥미롭게도 탈근대사회의 물질적 토대를 구축하는 것이 바로 정보사회이다. 탈근대사회의 동력과 생명력은 바로 이 해체와 연결이라는 일견 상호 모순적으로 보이나 근본적으로는 상호 유기적인 두 역사적 과정이 만난다는 사실에 있다. (   )

그러므로 탈근대주의를 단순히 해체의 미학에만 탐닉하는 허무주의적 경향으로 매도해서는 안 된다. 다만 네트워크사회라는 새로운 질서는 대부분의 사람들에게 '메타-사회적 무질서'로 나타날 가능성이 높다. 왜냐하면 그것은 '우리 존재의 물질적 기반에 대한 문화적 자율성을 특징으로 하는 새로운 존재의 시작'이기 때문이다.

① 왜냐하면 탈근대사회는 정보사회의 일부로서 21세기의 한 축을 담당하게 될 것이기 때문이다.
② 왜냐하면 탈근대사회는 의사소통이 범위와 대상이 무한히 확장되는 '무한 의사소통사회'가 될 것이기 때문이다.
③ 왜냐하면 탈근대적으로 해체된 근대사회의 파편들은 네트워킹에 의해 연결되어 사회를 새롭게 재구성, 재형성할 수 있기 때문이다.
④ 왜냐하면 탈근대사회는 그것이 무엇이든지 원하는 대로 바로 연결되는 네트워크 사회의 기반 위에서 형성되는, 새로운 가능성의 세계이기 때문이다.
⑤ 왜냐하면 기술적 낙관론자들은 정보화의 초기 단계에서 언제, 어디서든지, 누구와도 소통할 수 있는 새로운 시대의 도래를 예견했기 때문이다.

정답 해설 앞의 문장에서 탈근대사회의 동력과 생명력은 해체와 연결 과정의 만남이라고 언급되었으므로 빈칸에는 그 만남이 어떻게 탈근대사회를 구성하고 유지하는지에 대해 제시하는 문장이 들어가야 한다.

09

우리는 꿈속에서 평소에는 억누르고 있던 내적 욕구나 콤플렉스를 민감하게 느끼고 투사를 통해 그것을 외적인 형태로 구체화한다. 예를 들어 전쟁터에서 살아 돌아온 사람이 몇 달 동안 계속해서 죽은 동료의 꿈을 꾸는 경우, 이는 그의 내면에 잠재해 있는, 그러나 깨어 있을 때는 결코 인정하고 싶지 않은 죄책감을 암시하는 것으로 볼 수 있다.

우리에게 꿈이 중요한 까닭은 이처럼 자신도 깨닫지 못하는 무의식의 세계를 구체적으로 이해할 수 있는 형태로 바꾸어서 보여 주기 때문이다. 우리는 꿈을 통해 그 사람의 잠을 방해할 정도의 어떤 일이 진행되고 있다는 것을 알 수 있을 뿐 아니라, 그 일에 대해서 어떤 식으로 대처해야 하는지 까지도 알게 된다. 그런 일은 깨어 있을 때에는 쉽사리 알아내기가 어렵다. 이는 따뜻하고 화려한 옷이 몸의 상처나 결점을 가려 주는 것과 마찬가지로, (   ) 우리는 정신이 옷을 벗기를 기다려 비로소 그 사람의 내면세계로 들어갈 수 있다.

① 잠이 콤플렉스의 심화를 막아주기 때문이다.
② 꿈이 정신의 질병을 예방하고 치료할 수 있기 때문이다.
③ 깨어 있는 의식이 내면세계의 관찰을 방해하기 때문이다.
④ 꿈은 내면에 잠재해 있는 죄책감을 암시해 주기 때문이다.
⑤ 수면상태의 나르시즘이 스스로를 보호하려고 하기 때문이다.

정답해설 빈칸에는 앞 문장인 '그런 일을~알아내기가 어렵다.'라는 내용에 대한 이유나 근거가 들어가야 하는데 이는 결국 빈칸 바로 앞의 내용, 즉 '따뜻하고 화려한 옷이 상처나 결점을 가려주는 것'의 내용이 비유하는 것에 해당한다. 이러한 내용에 잘 부합하는 것은 ③으로, 따뜻하고 화려한 옷이 상처나 결점을 가려주는 것과 마찬가지로 깨어 있는 의식이 내면세계의 관찰을 방해하는 것이다.

정답 08 ③ | 09 ③

[10~14] 다음 지문을 읽고 내용상 어울리지 않는 문장을 고르시오.

총 문항 수 : 5문항 | 총 문제풀이 시간 : 2분 55초 | 문항당 문제풀이 시간 : 35초

10

㉠ 인구는 기하급수적으로 증가하고 식량은 산술급수적으로 늘어 엄청난 기아사태가 오리라는 암울한 미래를 예측한 말더스에게 변수는 전쟁이었으나, 실제의 역사에서 기아 폭발은 그가 예상한 전쟁 이외에도 그가 전혀 예측하지 못한 두 요소로 인해 방지되었다. ㉡ 그 한 요소는 식량증산 기술이 관개시설, 영농기구로부터 농약 · 비료에 이르기까지 비약적인 발전을 이룩했을 뿐만 아니라 이제는 생명공학으로 무제한적인 식량증산이 가능하게 되었다는 것이다. ㉢ 또 한 요소는 생활풍속의 변화와 국가정책으로 출산율이 크게 떨어졌다는 점인데, 1965년 이후 인구증가율은 1.4%대로 떨어져 오늘날 유럽은 현상을 유지하는 수준이고, 후진국은 증가율이 상당히 떨어지고 있다. ㉣ 또한 매장되어 있는 석유의 양이 얼마 남지 않았다는 것 역시 중요한 요소 중 하나이다. ㉤ 말더스는 당시의 상황과 수준에서 연역하여 미래를 내다보면서 그 미래에 일어날 갖가지 미지의 변화함수를 예측하지도, 할 수도 없었던 것이다.

① ㉠
② ㉡
③ ㉢
④ ㉣
⑤ ㉤

지문은 인류의 미래에 대해 말더스가 한 비관적인 예측과, 그것이 어떠한 이유로 빗나가게 된 것인지에 대해 서술하고 있다. 그러므로 석유의 양이 얼마 남지 않았다는 문장은 글의 전개상 어울리지 않는다.

11

㉠ 1000년경 유럽인들의 식단을 연구해 보면, 현대의 기준으로 보아 가장 큰 차이는 어떤 종류의 설탕도 없었다는 것임을 알 수 있을 것이다. ㉡ 베니스의 기록은 서기 996년에 처음으로, 아마도 페르시아나 이집트로부터 베니스에 도착한 사탕수수의 화물을 묘사하고 있다. ㉢ 그러나 어떤 형태의 설탕도 중세가 끝날 때까지는 유럽으로 더 이상 수입되지 않았다. ㉣ 설탕은 17세기의 카리브 설탕 농원 개발이 있고 나서야, 유럽인들의 미각을 압도하여 현대의 단 음식 애호 현상을 만들게 되었다. ㉤ 전 세계의 여러 민족들 사이에는 단 음식에 대한 선천적이고도 보편적인 선호가 있는 것 같다.

① ㉠
② ㉡
③ ㉢
④ ㉣
⑤ ㉤

정답해설 1000년경 유럽인의 식단에는 설탕이 없었고 17세기에 들어와서야 등장한다는 내용으로, 설탕이 유럽인의 식단에 등장한 시기에 관한 글이다. 따라서 인류가 보편적으로 단맛을 선호한다는 ㉤은 내용상 글의 흐름과 관련이 없다.

12

㉠ 불의 사용은 인류의 역사에서 커다란 진보적 사건 중의 하나이다. ㉡ 신에게서 불을 훔쳐 인간에게 주었다는 그리스 신화의 영웅 프로메테우스의 고통은 인간의지의 한 표현이기도 하다. ㉢ 불로 음식을 익혀 먹게 됨으로써 소화가 쉽게 되었으며, 다양한 방법으로 조리할 수 있게 되었다. ㉣ 불의 사용으로 난방과 조리가 가능해짐에 따라 인간의 활동 지역과 시간이 확장되었다. ㉤ 또한 금속의 제련이 가능하게 돼 도구의 발달이라는 결정적인 진전이 이루어졌던 것이다.

정답 10 ④ | 11 ⑤ | 12 ②

① ㉠
② ㉡
③ ㉢
④ ㉣
⑤ ㉤

'불의 사용으로 인한 인류 문명의 진보'가 제시된 글의 주제문이다. 글이 통일성을 갖추기 위해서는 나머지 문장들이 주제를 잘 뒷받침해야 하는데 ㉡은 주제와는 상관없는 내용이므로 삭제하는 것이 좋다.

13

㉠ 감시 카메라는 지역 사회의 순찰 횟수와 관련이 있다. 감시 카메라로 인해 경찰이 지역을 순찰하는 횟수를 줄이는 것이 가능하다. 이것은 주로 감시 카메라가 범죄를 예방해서 어떤 지역에 경찰이 순찰할 필요성을 줄인다는 사실 때문이다. ㉡ 게다가 보다 더 새로운 감시 카메라는 범죄 행위를 발견하는 것을 도와줄 수 있다. ㉢ 이런 이유로 감시 카메라가 종종 "범죄와 싸우는 추가적인 눈"이라고 여겨진다. ㉣ 불행하게도 감시 카메라는 범죄 발생률에 중요한 영향을 미치지 못했다. ㉤ 어떤 지역을 순찰할 필요성을 줄임으로써 감시 카메라는 또한 그런 경찰의 순찰을 지원하기 위해 필요한 비용을 절약할 수도 있다.

① ㉠
② ㉡
③ ㉢
④ ㉣
⑤ ㉤

제시된 지문은 감시 카메라의 순기능에 대해 설명하고 있다. ㉣은 감시 카메라의 순기능과 관련이 없는 내용이다.

14

㉠ 우리가 계승해야 할 민족문화의 전통은 형상화된 물건에서 받는 것도 있는 한편 창조적 정신 그 자체에도 존재하고 있다. ㉡ 이러한 의미에서 민족문화의 전통을 무시한다는 것은 지나친 자기학대에서 나오는 편견에 지나지 않는다. ㉢ 편협한 배타주의나 국수주의로 오인되기에 알맞은 이야기가 되는 것이다. ㉣ 민족문화의 전통을 창조적으로 계승하자는 정신은 선진문화 섭취에 인색하지 않을 것이다. ㉤ 외래문화도 새로운 문화의 창조에 이바지함으로써 뜻이 있는 것이고, 그러함으로써 비로소 민족문화의 전통을 더욱 빛낼 수 있기 때문이다.

① ㉠　　② ㉡
③ ㉢　　④ ㉣
⑤ ㉤

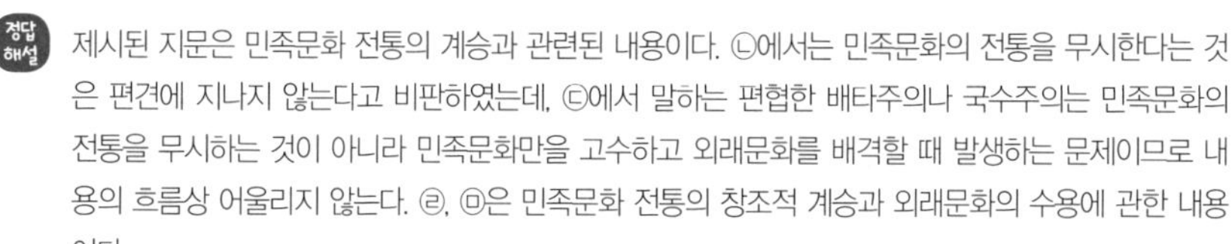
정답해설 제시된 지문은 민족문화 전통의 계승과 관련된 내용이다. ㉡에서는 민족문화의 전통을 무시한다는 것은 편견에 지나지 않는다고 비판하였는데, ㉢에서 말하는 편협한 배타주의나 국수주의는 민족문화의 전통을 무시하는 것이 아니라 민족문화만을 고수하고 외래문화를 배격할 때 발생하는 문제이므로 내용의 흐름상 어울리지 않는다. ㉣, ㉤은 민족문화 전통의 창조적 계승과 외래문화의 수용에 관한 내용이다.

[15~18] 주어진 지문을 읽고 바로 뒤에 이어질 내용으로 알맞은 것을 고르시오.

총 문항 수 : 4문항 | 총 문제풀이 시간 : 4분 | 문항당 문제풀이 시간 : 1분

15

특정한 요리를 먹을 때, 때때로 이와 곁들여서 이와 합일되는 다른 요리를 먹는 경우가 많이 있다. 그 이유는 오랜 경험을 통하여 이들 두 가지 다른 음식이 서로 조화되어 두 음식을 다 함께 먹을 때 더욱 맛있게 하는 상호작용이 있다는 사실을 깨달았기 때문이다. 한국에서 불고기를 먹을 때 대개의 경우 김치와 쌈이 함께 제공된다.

쌈이란 채소에 불고기를 놓고 거기에 된장을 약간 친 후, 밥을 먹게 되는 경우 밥도 함께 넣어 싸 먹는 것이다. 이때 주로 사용되는 채소는 상추, 들깻잎이나 때로는 쑥갓, 민들레 잎, 취나물, 심지어는 살짝 데친 어린 호박잎까지도 이용된다. 이 쌈을 먹는 풍습은 한국 이외의 지역에서는 몽골의 일부 지역에서만 관찰될 뿐 다른 지역에서는 발견하기가 어렵다.

불고기와 함께 먹는 밥, 고기, 각종 채소, 그리고 된장은 필요한 영양을 조화롭게 섭취하는 데 도움을 주고 고기를 먹을 때 느끼한 이미(異味)를 없애 주며, 최근에는 고혈압이나 암으로부터 보호하여 준다는 연구 결과도 나왔다. 또한 장류들, 특히 된장은 음식의 이취(異臭)를 없애 주는 힘을 가지고 있어서 이상한 냄새가 나는 각종 요리 재료들을 조리할 때에 이용된다.

① 불고기의 기원은 동이족이 즐겨 먹던 맥적으로 거슬러 올라간다.
② 쇠고기를 맛있게 구우려면 불의 세기와 굽는 시간이 알맞아야 한다.
③ 불고기에 김치를 곁들여 먹으면 식후에 따로 차를 마실 필요가 없다.
④ 아무런 수식어 없이 불고기라고 하면 그것은 쇠고기 불고기를 뜻한다.
⑤ 쌈은 고기와 함께 먹기도 하지만 채소와 쌈장만으로도 색다른 맛을 느낄 수 있다.

정답 해설 지문은 다른 두 가지가 조화를 이루어 상호작용하는 사례를 불고기와 쌈, 김치를 예로 들어 이야기하고 있다. 앞부분에서 불고기는 쌈과 김치를 곁들여 먹는다고 설명하였고, 이어서 쌈에 대해 이야기했으므로 불고기와 김치를 곁들여 먹는 것에 대해 언급하는 것이 적절하다.

16

눈은 인간이 그 육체 속에 가지고 있는 유일한 영혼의 창문이다. 눈은 외부로부터 자기의 영혼을 넘어다보게 하는 유일한 창문인 동시에, 자기의 영혼이 모든 외부를 바라다볼 수 있는 유일한 창문이기도 하다. 자기와 외부와의 일체의 교류는 이 눈이라는 창문을 통해서만 행하여진다. 그러므로 사람은 눈이 밝아야 한다. 광명 속에서도 암흑을 볼 줄 알아야 하고, 암흑 속에서도 광명을 볼 줄 알아야 한다. 그리고 가까운 것과 한가지로 먼 곳을 볼 수 있어야 한다. 그러나 사람의 눈처럼 그 시력의 성질에 차이가 많은 것도 없다.

① 눈은 코앞에 있는 이해관계밖에 보지 못하지만 천 년 후의 인생을 볼 수도 있다.
② 말은 인간의 감정을 전달해 줄 수 있지만 결코 눈처럼 진실하지는 않다.
③ 눈은 무언(無言)의 언어이며, 설명을 초월해 있기 때문에 가장 정확한 언어가 된다.
④ 입은 인간의 희로애락을 표현해 주는 중요한 기관이지만, 그 미묘함을 나타내는 것은 아니다.
⑤ 눈은 예지력을 가진 유일한 기관이기 때문에 시력을 상실하면 미래에 대한 판단력이 흐릿해진다.

정답해설 ① 지문의 마지막 부분에서 사람의 눈은 그 시력의 성질에 있어 차이가 많다고 했으므로, 이러한 시력의 성질에서의 차이를 보여주는 ①의 내용이 자연스럽게 이어질 수 있다.
② 눈의 진실성을 말과 비교하여 설명한 것이므로 내용상 지문의 내용에 바로 연결되지 않는다.
③, ④ 무언의 언어에 관한 내용으로 지문에 바로 이어지기는 어렵다.

17

음악이 일종의 언어라는 말들을 자주 하지만, 분명 음악은 프랑스어, 중국어나 영어, 수화와 같은 범주에 속하지 않는다. 음악은 아마도 감정의 상태라고 생각되는 무언가를 전달하는데, 결혼식을 상징하기 위해 결혼행진곡을 연주하는 것에서 보듯이 때로는 상징적이다. 그러나 음악은 수화를 포함한 모든 표준적인 언어에서 발견되는 문법적, 표현적인 가능성을 거의 갖고 있지 않다. 음악에는 단어도 없고 음절도 없고 명사나 동사, 복수형이나 시제 같은 것도 없다. 음악은 사람이나 물체, 행동에 이름을 부여할 수도 없고, 수도 셀 수도 없고, 어떤 것이 진실인지 거짓인지 말할 수도 없고 질문을 던지거나 지시를 내릴 수도 없다.

① 따라서 우리는 앞으로 음악을 문법적, 표현적인 가능성을 갖도록 연구 · 발전시켜야 한다.
② 따라서 우리가 그동안 사용해 온 그런 의미의 언어가 아니라 의사소통의 한 형태로 음악을 취급하는 것이 적절하다고 생각한다.
③ 따라서 음악은 의사소통으로서 기능을 발휘할 때 언어와 같은 표준적인 가능성을 가질 수 있다.
④ 따라서 음악과 언어의 기능은 반드시 구별되어야 한다.
⑤ 따라서 음악은 언어와는 아무 관련이 없다.

정답 해설 음악은 언어와는 달리 문법적, 표현적인 가능성이나 명사, 동사, 시제 등이 없기 때문에 우리가 사용해 온 언어로서의 의미와는 다르다는 내용을 서두에서 이야기하고 있다. 그 다음에 이어질 내용으로는 음악을 언어와는 달리 의사소통의 한 형태로 인정해야 한다는 내용이 와야 적당하다.

18

방금 따서 꽃병에 꽂아 놓은 장미는 아름답고 순수하다. 그 장미에선 향긋하고 신선한 좋은 냄새가 난다. 쓰레기통 안은 정반대의 상황이다. 그 속에선 지독한 냄새가 나고 온통 썩은 물질로 가득하다. 그러나 이런 것은 우리가 그 겉모습만 바라볼 때이다. 좀 더 주의 깊게 관찰해 보면, 겨우 5일이나 6일이면 아름다운 장미는 쓰레기의 일부가 된다는 것을 알게 된다. 5일이나 기다릴 필요가 있겠는가? 장미를 바라보면서 마음 집중만 하면 지금 당장 쓰레기가 된 장미를 볼 수 있다. 쓰레기통을 주시해 바라보자. 몇 달 내에 그 더러운 내용물들은 싱싱한 채소나 싱그러운 장미로 변화될 수 있음을 깨닫게 된다. 훌륭한 정원사는 장미를 바라보면서 쓰레기를 볼 수 있고 쓰레기를 바라보면서 장미를 볼 수 있다.

① 우리는 홀로 존재할 수 없고 서로를 아주 많이 필요로 한다.
② 이 세상의 모든 것들은 다른 모든 것을 포함하고 있다.
③ 우리는 우리 주변에서 일어나는 모든 일에 책임이 있다.
④ 예술은 심미적 가치의 결정체로서 의미가 있다.
⑤ 오해는 문제를 더욱 악화시킬 뿐, 해결에서 멀어지게 한다.

정답 해설 제시문은 사물의 가치는 단순하게 파악될 수 없으며 상반된 가치를 포함할 수도 있다는 내용이므로 이를 요약하는 내용이 뒤에 이어지는 것이 자연스럽다.

소요시간		채점결과	
목표시간	10분 55초	총 문항수	13문항
실제 소요시간	( )분 ( )초	맞은 문항 수	( )문항
초과시간	( )분 ( )초	틀린 문항 수	( )문항

정답 17 ② | 18 ②

수리비평검사

2DAY 수리비평검사

기출유형분석

⏰ 문제풀이 시간 : 1분 40초

▶ 다음 정보와 [표]를 바탕으로 물음에 답하시오. (01~02)

17일(월) 대구에서 열리는 환경 보존 세미나가 있어 국회 직원들이 기차를 타고 대구에 가게 되었다. A는 17일 당일 광명역에서 동대구역으로 가는 기차표를 9일 전에 예매하였다. B는 17일 당일에 광명역에서 동대구행 기차표를 구매하였다. C는 대구에 있는 친지 방문을 위해서 16일(일)에 서울역에서 동대구역으로 가는 기차표를 전월 30일에 예매하였다. 단, 환경 보존 세미나는 공휴일에 열리지 않는다.

[표1] 열차 운임표

→ 역간운임(원)

↓ 역간거리(km)

서울	8,000	12,000	21,000	28,000	30,000	34,000
22.0	광명	10,000	19,000	27,000	28,000	32,000
96.0	74.0	천안 안산	8,000	16,000	18,000	23,000
159.8	137.8	63.8	대전	8,000	10,000	15,000
247.3	225.3	151.3	87.5	김천	8,000	8,000
270.2	248.2	174.2	110.4	22.9	구미	8,000
319.8	297.8	223.8	160	72.5	49.6	동대구

[표2] 열차 할인율

구분		열차 출발일	
		월~금요일	토 · 일 · 공휴일
승차권 구입시기	열차출발 2개월 전부터 30일 전까지	20% 할인	10% 할인
	열차출발 29일 전부터 15일 전까지	15% 할인	7% 할인
	열차출발 14일 전부터 7일 전까지	10% 할인	4% 할인

01 A의 열차 운임은 얼마인가?

① 28,800원
② 29,800원
③ 30,800원
④ 31,800원
⑤ 32,800원

정답 해설 출발 9일 전에 예매하였으므로 10% 할인, 32,000×0.1=3,200(원)
∴ 32,000−3,200=28,800(원)

02 A, B, C의 열차 운임의 합계를 구하면?

① 92,380원
② 92,390원
③ 92,400원
④ 92,410원
⑤ 92,420원

정답 해설 A : 출발 9일 전에 예매하였으므로 10% 할인
32,000×0.1=3,200(원), 32,000−3,200=28,800(원)
B : 출발 당일에 예매하였으므로 할인이 적용되지 않음, 32,000(원)
C : 출발 17일 전에 예매하였고 출발일이 일요일이므로 7% 할인
34,000×0.07=2,380(원), 34,000−2,380=31,620(원)
∴ 28,800+32,000+31,620=92,420(원)

정답 01 ① | 02 ⑤

[01~02] 다음 [표]는 65세 이상 진료비 및 약품비에 대한 자료이다.

총 문항 수 : 2문항 | 총 문제풀이 시간 : 1분 40초 | 문항당 문제풀이 시간 : 50초

[표1] 노인인구 진료비

(단위 : 억 원)

구분	2019년	2020년	2021년
총 진료비	580,170	646,623	696,271
노인인구 진료비	213,615	245,643	271,357

[표2] 노인인구 약품비

(단위 : 억 원)

구분	2019년	2020년	2021년
총 약품비	139,259	152,905	162,179
노인인구 약품비	53,864	59,850	64,966

01 2021년 노인인구의 진료비와 약품비의 비중을 각각 구하면? (단, 소수점 둘째자리에서 반올림함)

	진료비	약품비
①	36%	43.1%
②	37%	42.1%
③	38%	41.1%
④	39%	40.1%
⑤	40%	39.1%

정답 해설 2021년 노인인구의 진료비의 비중은 $\frac{271,357}{696,271}\times 100 \fallingdotseq 39\%$

노인인구의 약품비의 비중은 $\frac{64,966}{162,179}\times 100 \fallingdotseq 40.1\%$

02 위의 자료에 대한 설명으로 옳지 않은 것은? (단, 소수점 둘째자리에서 반올림함)

① 총 진료비는 증가하고 있다.

② 2020년 노인인구 약품비의 비중은 전년대비 약 0.4% 증가하였다.

③ 2019년 노인인구 진료비의 비중은 약 36.8%이다.

④ 2021년 노인인구 진료비의 비중은 전년대비 약 3% 증가하였다.

⑤ 총 약품비는 증가하고 있다.

정답해설 ④ 2020년 노인인구 진료비의 비중은 $\frac{245,643}{646,623} \times 100 \fallingdotseq 38\%$이고,

2021년 노인인구 진료비의 비중은 39%이므로 전년대비 약 1% 증가하였다.

① 표1에서 알 수 있다.

② 2019년 노인인구 약품비의 비중은 $\frac{53,864}{139,259} \times 100 \fallingdotseq 38.7\%$이고,

2020년 노인인구 약품비의 비중은 $\frac{59,850}{152,905} \times 100 \fallingdotseq 39.1\%$ 전년대비 약 0.4% 증가하였다.

③ 2019년 노인인구 진료비의 비중은 $\frac{213,615}{580,170} \times 100 \fallingdotseq 36.8\%$이다.

⑤ 표2에서 알 수 있다.

이 문제 중요!

03 다음 [표]는 산업재산권 유지를 위한 등록료에 관한 자료이다. 청구 범위가 3항인 특허권에 대한 3년간의 권리 유지비용은 얼마인가?

[표] 산업재산권 등록료

(단위 : 원)

구분 \ 권리	설정등록료 (1~3년분)		연차등록료 4~6년차	7~9년차	10~12년차	13~15년차	16~18년차	19~21년차	22~25년차
특허권	기본료	81,000	매년 60,000	매년 120,000	매년 240,000	매년 480,000	매년 960,000	매년 1,920,000	매년 3,840,000
	가산료 (청구범위의 1항마다)	54,000	매년 25,000	매년 43,000	매년 55,000	매년 68,000	매년 80,000	매년 95,000	매년 120,000
실용신안권	기본료	60,000	매년 40,000	매년 80,000	매년 160,000	매년 320,000	–		
	가산료 (청구범위의 1항마다)	15,000	매년 10,000	매년 15,000	매년 20,000	매년 25,000			
디자인권	75,000		매년 35,000	매년 70,000	매년 140,000	매년 280,000	–		
상표권	211,000(10년분)		10년 연장 시 256,000						

※ 특허권, 실용신안권의 기본료는 청구범위의 항 수와는 무관하게 부과되는 비용임. 예를 들어, 청구범위가 1항인 경우 기본료와 1항에 대한 가산료가 부과됨.

① 243,000원
② 392,200원
③ 460,000원
④ 591,000원
⑤ 630,000원

정답 해설 81,000+(54,000×3)=243,000(원)

04 다음 [그림]은 음주운전 관련 자료이다. 전체 음주운전 교통사고 발생 건수 중에서 운전자의 혈중 알코올 농도가 0.30% 이상인 경우는 몇 %인가?

[그림1] 연령대별 음주운전 교통사고 현황

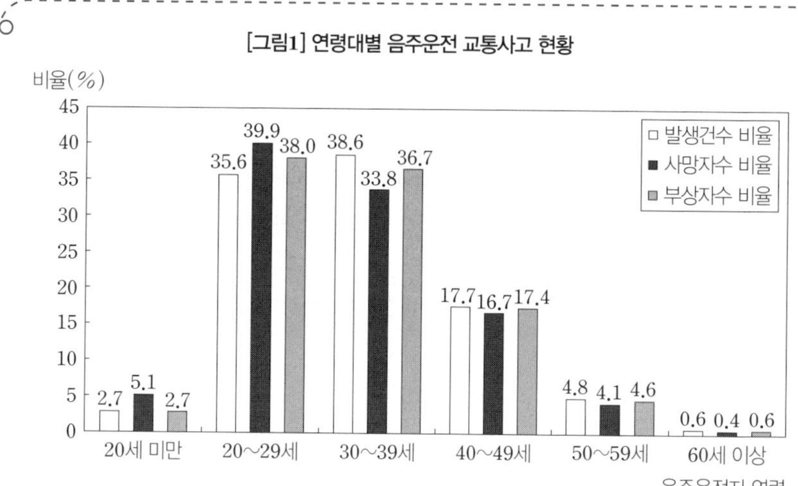

[그림2] 혈중 알코올 농도별 음주운전 교통사고 현황

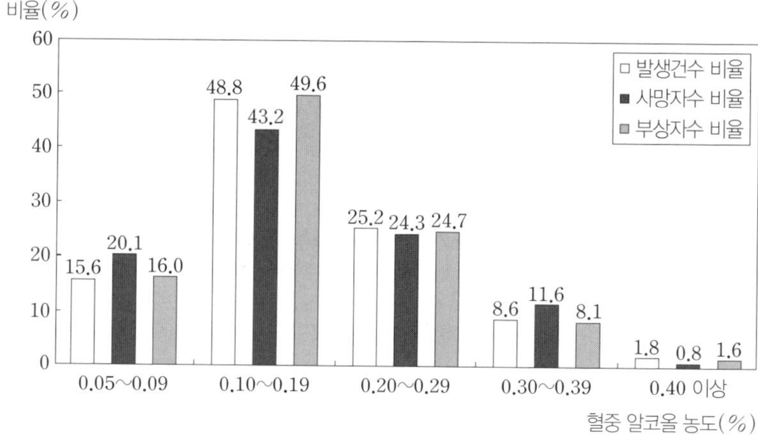

① 6.7%
② 8.8%
③ 9.1%
④ 10.4%
⑤ 11.5%

정답 03 ① | 04 ④

정답 해설 8.6+1.8=10.4(%)

[05~06] 다음 [그림]은 어느 초등학교의 한 학급 내 친구 관계를 도식화한 것이다. (단, 두 점 사이의 선은 친구 관계를, A1~A21은 각 학생을 의미함)

총 문항 수 : 2문항 | 총 문제풀이 시간 : 1분 40초 | 문항당 문제풀이 시간 : 50초

[그림] 학급 내 친구 관계도

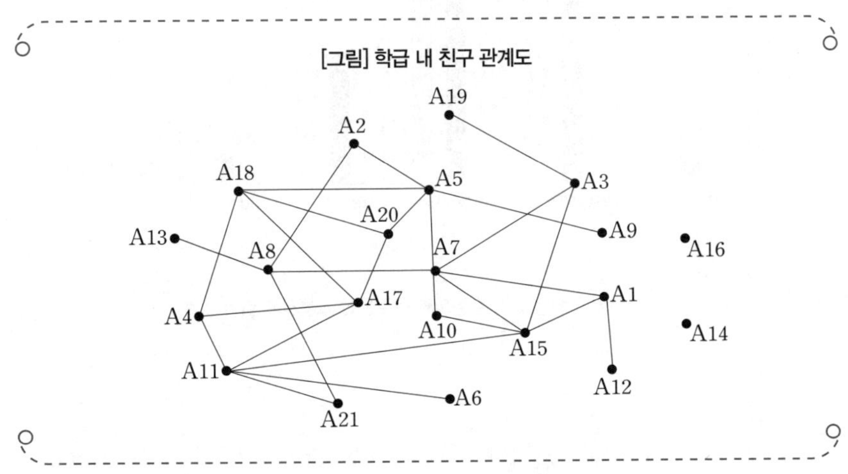

05 이 반의 학생들 중 친구가 한 명도 없는 학생은 몇 명인가?

① 없다.
② 1명
③ 2명
④ 3명
⑤ 4명

정답 해설 두 점 사이의 선은 두 학생이 친구 관계임을 나타내므로 선이 이어져 있지 않은 학생 A14, A16은 친구가 한 명도 없다고 할 수 있다.

06 이 반에서 가장 많은 친구를 가진 학생은 누구인가?

① A20　　② A15
③ A11　　④ A8
⑤ A7

정답해설 두 점 사이의 선은 두 학생이 친구 관계임을 나타내므로 선이 가장 많이 연결되어 있는 학생은 A7로 6명의 친구를 가지고 있다.

[07~08] 다음 [표]는 거주자 외화예금 동향에 대한 자료이다.

총 문항 수 : 2문항 | 총 문제풀이 시간 : 1분 40초 | 문항당 문제풀이 시간 : 50초

[표1] 통화별 거주자 외화예금 잔액

(단위 : 억 달러)

구분	2018년	2019년	2020년	2021년
미달러화	472.5	496.6	707.9	566.5
엔화	33.7	36.3	57.9	44.3
유로화	21.4	29.6	34.5	36.1
위안화	46.8	13.5	11.2	10.9
기타통화	10.9	13.1	18.8	18.4

※ 기타통화 : 영국 파운드화, 호주 달러화 등

[표2] 은행별 거주자 외화예금 잔액

(단위 : 억 달러)

구분	2018년	2019년	2020년	2021년
국내은행	461.6	495.2	703.4	573.3
외은지점	123.7	93.9	126.9	102.9

정답 05 ③ | 06 ⑤

07 위의 자료에 대한 설명으로 옳은 것을 고르면?

ㄱ. 2018년 통화 중 예금 잔액은 위안화가 두 번째로 많다.
ㄴ. 2019년 예금 잔액은 총 585.3억 달러이다.
ㄷ. 2020년 국내은행의 외화예금 잔액은 전년대비 130.1억 달러 감소했다.
ㄹ. 외은지점의 외화예금 잔액은 점점 줄어들고 있다.

① ㄱ, ㄷ
② ㄴ, ㄷ
③ ㄴ, ㄹ
④ ㄱ, ㄷ, ㄹ
⑤ ㄴ, ㄷ, ㄹ

ㄱ. 2018년 통화 중 예금 잔액은 위안화가 미달러화 다음으로 많다.
ㄷ. 2020년 국내은행의 외화예금 잔액은 전년대비 130.1억 달러 감소했다.
ㄴ. 2019년 예금 잔액은 총 495.2+93.9=589.1억 달러이다.
ㄹ. 외은지점의 외화예금 잔액은 변동이 심하다.

08 2021년 엔화와 유로화의 비중을 각각 구하면? (단, 소수점 둘째자리에서 반올림함)

	엔화	유로화
①	4.7%	3.3%
②	5.7%	4.3%
③	6.6%	5.3%
④	7.6%	6.3%
⑤	8.6%	7.3%

2021년 외화예금 잔액은 총 573.3+102.9=676.2이므로

엔화의 비중은 $\frac{44.3}{676.2}\times100≒6.6\%$

유로화의 비중은 $\frac{36.1}{676.2}\times100≒5.3\%$

09 다음 [표]는 연령별 스마트폰 1회 이용 시 평균 이용시간이다. 이에 대한 설명으로 옳지 않은 것은?

[표] 연령별 스마트폰 1회 이용 시 평균 이용시간

(단위 : %)

구분	5분 미만	5분~10분 미만	10분~20분 미만	20분~30분 미만	30분 이상
유아 (만3~9세)	29.9	10.8	32.5	10.6	16.2
청소년 (만10~19세)	30.2	17.3	29	12.2	11.3
성인 (만20~59세)	30.5	11.5	13.4	23.7	20.9
60대 (만60~69세)	34.3	19.5	24.3	19.8	2.1

① 10분~20분 미만 사용자들의 비율은 유아가 가장 많다.

② 30분 이상 사용자들의 비율은 성인이 가장 많다.

③ 60대에는 20분~30분 미만 사용자들의 비율이 가장 많다.

④ 청소년들은 30분 이상 사용자들의 비율이 가장 작다.

⑤ 5분 미만 사용자들의 비율은 모든 연령층에서 25%를 넘는다.

정답해설 ③ 60대에는 5분 미만 사용자들이 가장 많다.

정답 07 ① | 08 ③ | 09 ③

10 다음 [표]는 행정업무용 물품의 조달단가와 구매 효용성을 나타낸 것이다. 20억 원 이내에서 구매예산을 집행한다고 할 때, 정량적 기대효과 총합의 최댓값을 구하면? (단, 각 물품은 구매하지 않거나 1개만 구매할 수 있다.)

[표] 행정업무용 물품의 조달단가와 구매 효용성

구분＼물품	A	B	C	D	E	F	G	H
조달단가(억 원)	3	4	5	6	7	8	10	16
구매 효용성(%)	1	0.5	1.8	2.5	1	1.75	1.9	2

※ 구매 효용성 $= \frac{\text{정량적 기대효과}}{\text{조달단가}} \times 100$

① 29
② 30
③ 38
④ 46
⑤ 50

정답 해설 정량적 기대효과＝조달단가×구매 효용성
정량적 기대효과 총합이 최대가 될 수 있게 20억 원 이내에서 물품을 구매하면 C＜D＜F이며 이때 조달단가는 5＋6＋8＝19(억 원), 정량적 기대효과는 9＋15＋14＝38이다.

이 문제 중요!

11 다음 [표]는 프로야구 선수 Y의 타격기록이다. 이에 대한 설명으로 옳지 않은 것은?

[표] 프로야구 선수 Y의 타격기록

연도	소속 구단	타율	출전 경기수	타수	안타수	홈런수	타점	4사구수	장타율
2007	A	0.341	106	381	130	23	90	69	0.598
2008	A	0.300	123	427	128	19	87	63	0.487
2009	A	0.313	125	438	137	20	84	83	0.532
2010	A	0.346	126	436	151	28	87	88	0.624
2011	A	0.328	126	442	145	30	98	110	0.627
2012	A	0.342	126	456	156	27	89	92	0.590
2013	B	0.323	131	496	160	21	105	87	0.567
2014	C	0.313	117	432	135	15	92	78	0.495
2015	C	0.355	124	439	156	14	92	81	0.510
2016	A	0.276	132	391	108	14	50	44	0.453
2017	A	0.329	133	490	161	33	92	55	0.614
2018	A	0.315	133	479	151	28	103	102	0.553
2019	A	0.261	124	394	103	13	50	67	0.404
2020	A	0.303	126	413	125	13	81	112	0.477
2021	A	0.337	123	442	149	22	72	98	0.563

① 2011~2016년 중 Y선수의 장타율이 높을수록 4사구수도 많았다.

② 2011~2021년 중 Y선수의 타율이 0.310 이하인 해는 3번 있었다.

③ Y선수가 C구단에 소속된 기간 동안 기록한 평균 타점은 나머지 기간 동안 기록한 평균 타점보다 많았다.

④ Y선수는 2011년에 가장 많은 홈런수를 기록하였다.

⑤ Y선수는 A구단에 소속되었을 때 경기에 가장 많이 출전했다.

정답 해설 2017년 Y선수는 가장 많은 홈런수를 기록하였다.

12 다음 [그림]은 A씨와 B씨의 체중 변화를 나타낸 것이다. 3년 전 동월 대비 2021년 3월 A씨의 체중 증가율과 B씨의 체중 증가율을 바르게 비교한 것은? (단, 소수점 둘째자리에서 반올림함)

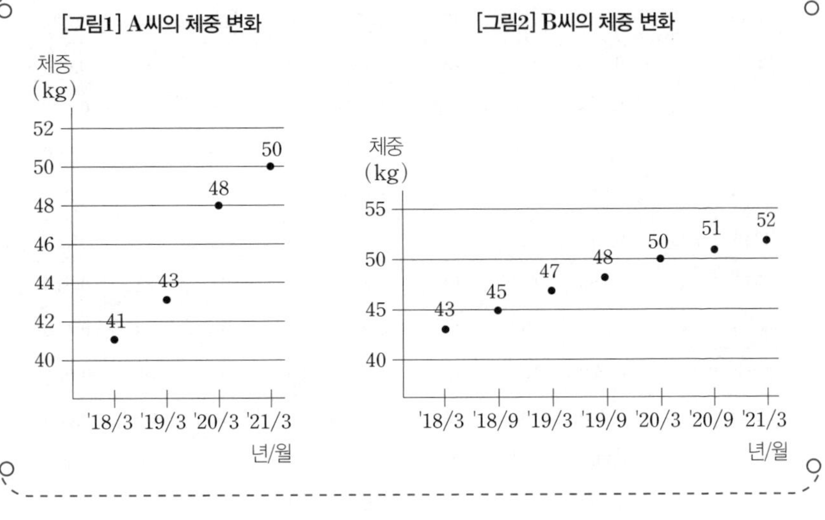

① A씨의 체중 증가율은 B씨의 체중 증가율보다 약 1% 더 높다.

② A씨의 체중 증가율은 B씨의 체중 증가율보다 약 10% 더 높다.

③ A씨의 체중 증가율은 B씨의 체중 증가율보다 약 1% 더 낮다.

④ A씨의 체중 증가율은 B씨의 체중 증가율보다 약 10% 더 낮다.

⑤ A씨의 체중 증가율은 B씨의 체중 증가율보다 약 12% 더 낮다.

정답 해설 A씨의 체중 증가율$=\frac{9}{41}\times 100 \fallingdotseq 21.95(\%)$, B씨의 체중 증가율$=\frac{9}{43}\times 100 \fallingdotseq 20.93(\%)$

3년 전 동월대비 2021년 3월 A씨의 체중 증가율은 B씨의 체중 증가율보다 약 1% 더 높다.

13 다음 [그림]과 [표]는 이동통신 사용자의 회사별 구성비와 향후 회사이동 성향에 관한 자료이다. 1년 뒤 전체 이동통신 사용자의 몇 %가 다른 회사로 이동할 것으로 예측되는가?

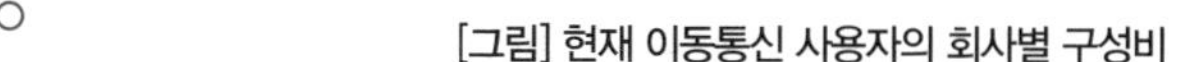
[그림] 현재 이동통신 사용자의 회사별 구성비

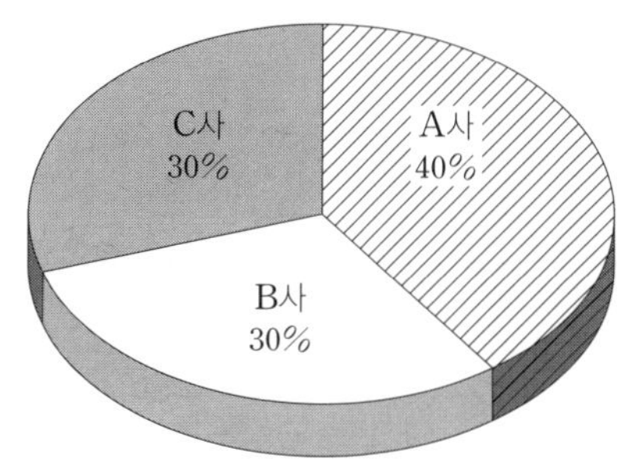

[표] 이동통신 사용자의 회사 이동 성향

(단위 : %)

현재 \ 1년 뒤	A사	B사	C사	합계
A사	80	10	10	100
B사	10	70	20	100
C사	40	10	50	100

※ 시장에 새로 들어오거나 시장에서 나가는 사용자는 없는 것으로 가정함.

① 29%
② 30%
③ 31%
④ 32%
⑤ 33%

현재 A사의 사용자 중 32%, B사의 사용자 중 21%, C사의 사용자 중 15%는 1년 뒤에도 같은 회사를 이용할 것이다. 따라서 1년 뒤 $100-(32+21+15)=32(\%)$는 다른 회사로 이동할 것으로 예측된다.

14 다음 [그림]은 2018년부터 2021년까지 4개 도시의 전년대비 인구증가율을 나타낸 것이다. 2018년부터 2021년까지 각 도시별로 전년대비 인구증가율의 최댓값과 최솟값을 비교할 때 그 차이가 가장 큰 도시는 어디인가?

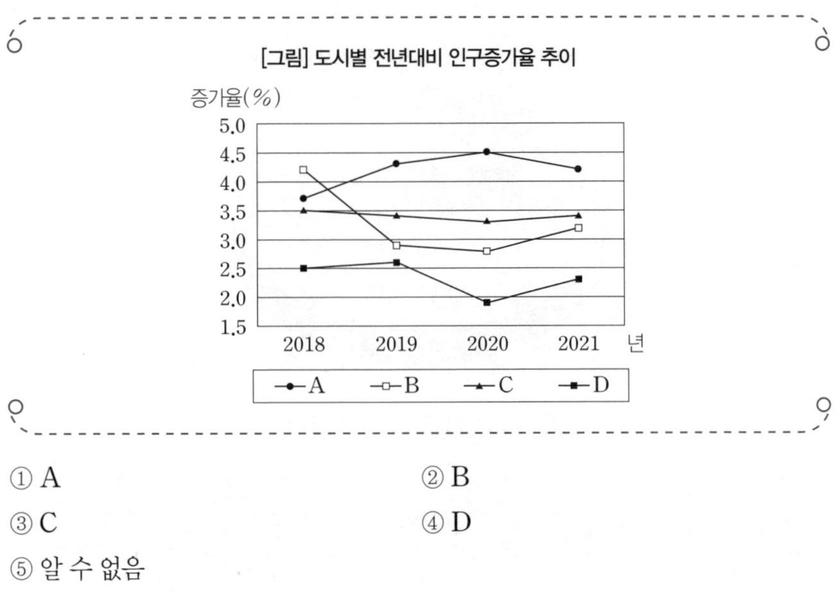

① A
② B
③ C
④ D
⑤ 알 수 없음

정답해설 2018년부터 2021년까지 각 도시별로 전년대비 인구증가율의 최댓값과 최솟값의 차이를 비교해 보면 A는 약 0.8%, B는 약 1.5%, C는 약 0.2%, D는 약 0.7%이다.

15 다음 [표]는 2021년도 서울권과 세계 주요 대도시권의 교통 관련 통계이다. 인구밀도가 가장 높은 곳은?

[표] 서울권 및 세계 주요 대도시권의 교통 관련 통계

구분	서울권	런던권	파리권	뉴욕권	도쿄권
면적(km^2)	11,719	10,385	12,011	5,793	13,143
인구(천 명)	22,877	11,957	11,027	13,673	32,577
자동차 보유율(대/명)	0.30	0.39	0.46	0.38	0.27
철도연장(km)	489.7	2,125	1,602	1,145	3,128
인구당 철도연장(km/만 명)	0.22	1.78	1.45	0.84	0.96
면적당 철도연장(km/km^2)	0.04	0.20	0.13	0.20	0.24
인구당 고속화도로 연장(km/만 명)	0.31	0.29	0.71	0.98	0.30
면적당 고속화도로 연장(km/km^2)	0.06	0.03	0.07	0.23	0.08

① 서울권
② 런던권
③ 파리권
④ 뉴욕권
⑤ 도쿄권

정답해설 인구밀도는 면적대비 인구 수이다. 서울권은 약 2, 런던권은 약 1.2, 파리권은 약 0.9, 뉴욕권은 약 2.4, 도쿄권은 약 2.5이므로 인구밀도는 도쿄권이 가장 높다.

이 문제 중요!

16 다음 [표]는 폐기물 매립지 주변의 거주민 1,375명을 대상으로 특정 질환 환자 수를 파악한 것이다. 매립지 주변 거주민 중 환자의 비율을 구하면?

[표] 거주민 특성별 특정 질환 환자 수 현황

구분	매립지와의 거리			
	1km 미만	1~2km 미만	2~3km 미만	3~5km 미만
거주민	564	428	282	101
호흡기 질환자 수	94	47	77	15
피부 질환자 수	131	70	102	42
구분	연령			
	19세 이하	20~39세	40~59세	60세 이상
거주민	341	405	380	249
호흡기 질환자 수	76	41	49	67
피부 질환자 수	35	71	89	150
구분	거주기간			
	1년 미만	1~5년 미만	5~10년 미만	10년 이상
거주민	131	286	312	646
호흡기 질환자 수	15	23	41	154
피부 질환자 수	10	37	75	223

※ 환자 수=호흡기 질환자 수+피부 질환자 수
(단, 위의 2가지 질환을 동시에 앓지는 않음.)

① 약 21%
② 약 35%
③ 약 42%
④ 약 58%
⑤ 약 61%

정답 해설 환자 중 두 가지 질환을 동시에 앓지는 않는다고 했으므로 매립지 주변 거주민 중 환자의 비율은 $\frac{(94+131+47+70+77+102+15+42)}{1,375}\times 100 \fallingdotseq 42(\%)$이다.

17 다음 [표]는 대기배출량에 관한 연도별 자료이다. 다음 중 2021년 대기배출량 중 미세먼지 비율이 전년대비 얼마나 늘었는가? (단, 소수점 둘째자리에서 반올림함)

[표] 연도별 대기배출량

(단위 : 천 톤)

구분	2020년	2021년
합계	3,511	3,777
일산화탄소	497	689
질소산화물	1,075	1,090
황산화물	217	204
미세먼지	1,245	1,320
암모니아	290	280
휘발성 유기화합물	187	194

① 0.3%
② 0.4%
③ 0.5%
④ 0.6%
⑤ 0.7%

정답 해설 2020년 대기배출량 중 미세먼지 비율은 $\frac{1,245}{3,511}\times 100 \fallingdotseq 35.5\%$

2021년 대기배출량 중 미세먼지 비율은 $\frac{1,320}{3,777}\times 100 \fallingdotseq 35\%$

이 문제 중요!

18 다음 [표]는 2015년에서 2021년까지 주요 교통수단별 인구 10만 명당 교통사고 사망자 수를 나타낸 자료이다. [표]에 대한 해석 중 옳지 않은 것은?

[표] 교통수단별 인구 10만 명당 교통사고 사망자 수 변화 추이

(단위 : 명)

교통수단 \ 연도	2015년	2016년	2017년	2018년	2019년	2020년	2021년
A	31.5	30.0	28.2	25.5	23.3	24.0	24.3
B	24.5	23.5	22.0	21.4	20.0	20.7	21.3
C	14.1	17.0	18.9	19.4	21.6	22.1	24.4
D	4.2	4.5	5.5	6.7	7.3	7.9	8.9
E	1.5	1.7	2.0	2.2	2.1	2.4	4.9
F	5.2	7.2	7.0	6.5	5.3	3.8	5.6
합계	81.0	83.9	83.6	81.7	79.6	80.9	89.4

① C에 의한 사고의 경우 인구 10만 명당 사망자 수는 지속적으로 증가하고 있다.
② C에 의한 사고의 경우 2021년과 2015년의 인구 10만 명당 사망자 수의 절대적인 차이는 다른 교통수단에 의한 것보다 크다.
③ 2015년에 비해서 2021년 인구 10만 명당 사망자 수가 증가한 교통사고는 C, D, E, F에 의한 것이다.
④ 2019년까지 A, B에 의한 교통사고 건수는 점차 감소하는 추세를 보이고 있다.
⑤ 2021년에는 E에 의한 인구 10만 명당 교통사고 사망자 수가 가장 작다.

정답 해설 주어진 자료는 교통수단별 인구 10만 명당 교통사고 사망자 수 변화 추이로 교통사고 건수는 알 수 없다.

19 다음 [표]는 범죄의 발생 검거상황에 관한 자료이다. 검거율이 가장 높은 범죄는?

[표] 범죄의 발생 검거상황

(단위 : 건)

구분	발생건수	검거건수
재산범죄	573,445	389,937
강력범죄(흉악)	32,963	31,668
강력범죄(폭력)	251,889	239,831
위조범죄	18,569	14,078
과실범죄	7,708	6,912

※ 검거율 : 발생건수에 대한 검거건수의 백분율

① 재산범죄
② 강력범죄(흉악)
③ 강력범죄(폭력)
④ 위조범죄
⑤ 과실범죄

1DAY 2DAY 3DAY

정답 해설 재산범죄 : $\frac{389,937}{573,445}\times 100 ≒ 68\%$

강력범죄(흉악) : $\frac{31,668}{32,963}\times 100 ≒ 96.1\%$

강력범죄(폭력) : $\frac{239,831}{251,889}\times 100 ≒ 95.2\%$

위조범죄 : $\frac{14,078}{18,569}\times 100 ≒ 75.8\%$

과실범죄 : $\frac{6,912}{7,708}\times 100 ≒ 89.7\%$

정답 18 ④ | 19 ②

20 다음 [표]는 전국과 서울에서 자동차에 의해 배출되는 오염물질 배출량을 나타낸다. 설명에 따라 A~C에 해당하는 차종을 바르게 배열한 것은?

[표] 차종별 대기오염물질 배출량

(단위 : 천 톤/년, %)

지역	차종	대기오염물질									
		일산화탄소		탄화수소		질소산화물		입자상물질		계	
		배출량	구성비	배출량	구성비	배출량	구성비	배출량	구성비	배출량	구성비
전국	승용차	356	37	44	35	33	7	1	1	434	27
	A	100	11	12	10	15	3	0	0	127	8
	B	124	13	16	12	109	23	18	23	267	16
	C	371	39	54	43	315	67	59	76	799	49
	계	951	100	126	100	472	100	78	100	1,627	100
서울	승용차	113	48	14	43	10	11	0	0	137	36
	A	33	14	4	13	5	5	0	0	42	11
	B	27	11	4	13	24	26	4	29	59	16
	C	64	27	10	31	54	58	10	71	138	37
	계	237	100	32	100	93	100	14	100	376	100

※ 차종 : 승용차, 택시, 트럭, 버스

ㄱ. 전국과 서울 모두에서 질소산화물과 입자상물질을 가장 많이 배출하는 두 차종은 버스와 트럭이다.

ㄴ. 전국에서 버스의 질소산화물 배출량은 승용차의 약 3.3배이다.

	A	B	C
①	택시	버스	트럭
②	택시	트럭	버스
③	트럭	버스	택시
④	버스	트럭	택시
⑤	버스	택시	트럭

정답 해설

ㄱ. 전국과 서울에서 질소산화물과 입자상물질을 가장 많이 배출하는 두 차종은 B와 C이므로 버스와 트럭은 B와 C가 된다.

ㄴ. 전국에서 승용차의 질소산화물 배출량은 33이며, 전국에서 버스 질소산화물 배출량은 승용차의 약

3.3배이므로 33 × 3.3 = 108.9이다. 따라서 질소산화물 배출량이 109인 B가 버스가 된다. 따라서 A는 택시, B는 버스, C는 트럭이다.

[21~22] 다음 [표]는 문화예술 관람률에 대한 자료이다.

총 문항 수 : 2문항 | 총 문제풀이 시간 : 1분 40초 | 문항당 문제풀이 시간 : 50초

[표1] 성별 · 연령별 문화예술 관람률

(단위 : %)

구분	2019년	2020년	2021년
전체	60.8	64.5	64.0
남자	58.5	62.0	61.6
여자	62.9	66.9	66.3
20세 미만	82.6	84.5	86.0
20~29세	83.4	83.7	83.8
30~39세	77.2	78.6	79.2
40~49세	67.4	73.2	73.7
50~59세	48.1	56.2	58.0
60세 이상	21.7	28.9	29.1

[표2] 문화예술 종류별 관람률

(단위 : %)

구분	2019년	2020년	2021년
음악 · 연주회	13.7	13.8	13.8
연극	15.3	14.9	15.0
무용	1.3	1.2	1.3
영화	54.4	58.8	59.8
박물관	16.4	17.8	16.7
미술관	12.3	12.8	13.5

정답 20 ①

21 위의 자료에 대한 설명으로 옳지 않은 것은?

① 2021년 문화예술 관람률은 남자보다 여자가 더 높다.

② 2020년 60세 이상 사람들의 문화예술 관람률이 가장 낮았다.

③ 모든 연령층에서 문화예술 관람률이 점점 높아지고 있다.

④ 문화예술 중 미술관의 관람률은 계속 감소하고 있다.

⑤ 2019년 무용 관람률은 연주회 관람률의 $\frac{1}{10}$의 수준이다.

정답해설 미술관의 관람률은 계속 증가하고 있다.

22 문화예술행사를 참석한 적이 있는 500명을 대상으로 관람률을 조사했다면, 2021년 연극과 박물관의 관람객 수는? (단, 소수점 첫째자리에서 반올림함)

	연극	박물관
①	72명	81명
②	73명	82명
③	74명	83명
④	75명	84명
⑤	76명	85명

정답해설 연극의 관람률은 15%이므로 $500 \times 0.15 = 75$명
박물관의 관람률은 16.7%이므로 $500 \times 0.167 = 83.5 \fallingdotseq 84$명

23 다음 [표]는 육아휴직 이용과 인력대체 현황이다. [표]에 대한 설명으로 옳은 것은?

[표1] 성별 육아휴직 이용인원 현황(2019~2021년)

(단위 : 명)

구분	2019년		2020년		2021년	
	대상인원	이용인원	대상인원	이용인원	대상인원	이용인원
남성	18,620	25	15,947	50	15,309	55
여성	9,749	578	8,565	894	9,632	1,133
전체	28,369	603	24,512	944	24,941	1,188

※ 육아휴직 이용률(%) $=\frac{\text{육아휴직 이용인원}}{\text{육아휴직 대상인원}}\times 100$

[표2] 육아휴직 이용과 인력대체 현황(2021년)

(단위 : 명)

구분	대상인원	이용인원	대체인원
중앙행정기관	14,929	412	155
지방자치단체	10,012	776	189
계	24,941	1,188	344

※ 육아휴직 인력대체율(%) $=\frac{\text{육아휴직 대체인원}}{\text{육아휴직 이용인원}}\times 100$

① 2021년의 전체 육아휴직 이용률은 2019년에 비해 2배 이상이다.

② 2021년 중앙행정기관의 육아휴직 인력대체율은 40%가 넘는다.

③ 2019년과 2021년을 비교하였을 때 육아휴직 이용률의 증가폭은 남성이 여성보다 크다.

④ 2021년 육아휴직 이용률은 중앙행정기관이 지방자치단체 보다 높다.

⑤ 2021년 지방자치단체의 육아휴직 인력대체율은 24%가 넘는다.

정답해설

② 2021년 중앙행정기관의 육아휴직 인력대체율은 37.62%이다.

③ 남성의 육아휴직 이용률은 2019년 약 0.13%, 2021년 약 0.36%이며, 여성의 육아휴직 이용률은 2019년 약 6%, 2021년 약 12%로 여성이 남성보다 이용률 증가폭이 크다.

정답 21 ④ | 22 ④ | 23 ①

④ 2021년 육아휴직 이용률의 경우 중앙행정기관은 2.76%, 지방자치단체는 7.75%로 중앙행정기관이 지방자치단체보다 낮다.
⑤ 2021년 지방자치단체의 육아휴직 인력대체율은 24.3%이다.

24 사학자 A씨는 고려시대 문헌을 통하여 당시 상류층에 대한 자료를 분석하여 다음과 같은 [표]를 작성하였다. 다음 중 옳은 것은?

[표] 고려시대 상류층의 혼인연령, 사망연령 및 자녀 수

구분		평균 혼인연령(세)	평균 사망연령(세)	평균 자녀 수(명)
승려(80명)	남(50명)	–	69	–
	여(30명)	–	71	–
왕족(40명)	남(30명)	19	42	10
	여(10명)	15	46	3
귀족(200명)	남(80명)	15	45	5
	여(120명)	20	56	6

※ 승려를 제외한 모든 남자는 혼인하였고 이혼하거나 사별한 사례는 없음.

① 귀족 남자의 평균 혼인기간은 왕족 남자의 평균 혼인기간보다 길다.
② 귀족 남자의 평균 혼인연령은 왕족보다 높다.
③ 귀족의 평균 자녀 수는 5.5명이다.
④ 평균 사망연령의 남녀 간 차이는 승려가 귀족보다 많다.
⑤ 왕족 여자의 평균 혼인연령은 귀족보다 높다.

정답 해설
② 귀족의 평균 혼인연령은 남자는 15세로 왕족의 남자 혼인연령 19세보다 낮다.
③ 귀족의 평균 자녀 수는 $\frac{(80\times5)+(120\times6)}{200}=5.6$(명)이다.
④ 평균 사망연령의 남녀 간 차이는 승려는 2년, 귀족은 11년으로 승려가 귀족보다 작다.
⑤ 왕족 여자의 평균 혼인연령은 15세로 귀족 여자의 평균 혼인연령 20세보다 낮다.

25 다음은 어느 고등학교 3학년 2개 반의 국어, 영어, 수학 과목 시험성적에 관한 [표]이다. 이에 대한 내용으로 옳지 않은 것은?

(단위 : 점)

구분	평균				전체
	1반		2반		
	남학생(20명)	여학생(10명)	남학생(15명)	여학생(15명)	
국어	6.0	6.5	A	6.0	365
영어	B	5.5	5.0	6.0	320
수학	5.0	5.0	6.0	5.0	315

※ 각 과목의 만점은 10점임.

① A는 B보다 크다.

② 국어 과목의 경우 2반 학생의 평균이 1반 학생의 평균보다 높다.

③ 3개 과목 전체 평균의 경우 1반의 여학생 평균이 1반의 남학생 평균보다 높다.

④ 전체 남학생의 수학 평균은 전체 여학생의 수학 평균보다 높다.

⑤ 수학 과목의 경우 1반 학생의 평균이 2반 학생의 평균보다 낮다.

정답 해설

$20 \times 6 + 10 \times 6.5 + 15 \times A + 15 \times 6 = 365$

$A = 6$

$20 \times B + 10 \times 5.5 + 15 \times 5 + 15 \times 6 = 320$

$B = 5$

국어의 경우 2반은 남녀학생 모두 6.0점이고, 1반은 남학생은 6.0점 여학생은 6.5점으로 1반 학생의 평균이 더 높다.

26 다음 [표]에 대한 설명으로 옳지 않은 것은?

[표1] 성별 노인 인구 추이

(단위 : 천 명)

구분	1990	1995	2000	2005	2010	2020	2030
전체	2,195	2,657	3,395	4,383	5,354	7,821	11,899
남자	822	987	1,300	1,760	2,213	3,403	5,333
여자	1,373	1,670	2,095	2,623	3,141	4,418	6,566

※ 노인 인구 : 65세 이상 인구

※ 성비 : 여자 100명당 남자의 수

[표2] 노년부양비와 노령화지수

(단위 : 해당인구 100명당 명)

구분	1990	1995	2000	2005	2010	2020	2030
노년 부양비	7.4	8.3	10.1	12.6	14.9	21.8	37.3
노령화 지수	20.0	25.2	34.3	47.4	66.8	124.2	214.8

※ 노년부양비 : $\frac{\text{65세 이상 인구}}{\text{0\sim14세}} \times 100$

※ 노령화지수 : $\frac{\text{65세 이상 인구}}{\text{15\sim64세}} \times 100$

① 2005년에는 15~64세 인구 7.9명이 노인 1명을 부양한다.

② 2005년 노인 인구의 성비는 10년 전보다 낮아졌다.

③ 2020년에는 15~64세 인구 4.6명이 노인 1명을 부양할 것이다.

④ 2020년의 0~14세 인구 100명당 노인 인구는 1990년의 0~14세 인구 100명당 노인 인구의 6배 이상이다.

⑤ 2030년의 노인 인구의 성비는 20년 전보다 높아졌다.

정답 해설 2005년 노인 인구의 성비는 67명으로 1995년의 약 59명보다 높다.

27 다음 [표]는 선거운동기간 중 전국 성인남녀 1,200명을 조사하여 신문과 TV에서 정치광고를 본 후 응답자들이 지지정당을 바꾼 경우만을 나타낸 것이다. 신문과 TV광고를 합해서 볼 때 가장 큰 손해를 본 정당은?

[표] 정치광고에 따른 지지정당 변화

(단위 : 명)

광고전 선택 정당 / 광고매체 / 광고후 선택 정당	A당		B당		C당		전체
	신문	TV	신문	TV	신문	TV	
A당	–	–	6	16	12	52	86
B당	11	29	–	–	9	28	77
C당	9	25	5	8	–	–	47
전체	20	54	11	24	21	80	210

※ 이득은 지지자 수가 늘어난 것을 의미하며, 손해는 지지자 수가 줄어든 것을 의미함.

① A당 ② B당
③ C당 ④ 전체
⑤ 알 수 없음

구분	A당		B당		C당	
	신문	TV	신문	TV	신문	TV
광고 전 선택 정당	20	54	11	24	21	80
합	74		35		101	
광고 후 선택 정당	18	68	20	57	34	33
합	86		77		47	

신문과 TV광고를 합해서 볼 때 가장 큰 손해를 본 정당은 C당이다.

47－101＝－54

28 다음 [표]는 물 사용량에 대한 자료이다. 이에 대한 설명으로 옳지 않은 것은?

[표] 연간 총 급수량과 1인당 일평균 물 사용량

구분	2018년	2019년	2020년	2021년
연간 총 급수량(백만 m^3)	6,029	6,159	6,214	6,279
1인당 일평균 물사용량(L)	278	282	280	282

※ 1인당 일평균 물 사용량＝{(유수량－분수량)÷급수인구}÷365

① 2020년 연간 총 급수량은 2년 전보다 185백만 m^3 증가하였다.

② 연간 총 급수량은 점차 증가하고 있다.

③ 2018년에 하루 평균 1인당 물 사용량이 가장 적었다.

④ 2021년에 1인당 일평균 물 사용량은 전년대비 0.7% 증가하였다.

⑤ 1인당 일평균 물 사용량을 통해 급수인구가 증가함을 알 수 있다.

정답 해설 1인당 일평균 물 사용량만으로 급수인구를 알 수 없다.

29 다음 [그림]은 네 가지 자동차 모델의 2021년도 월별 판매량을 나타낸 것이다. 제시된 설명을 통해 A, B, C, D에 해당하는 모델을 바르게 짝지은 것은?

[그림] 2021년도 월별 자동차 판매량

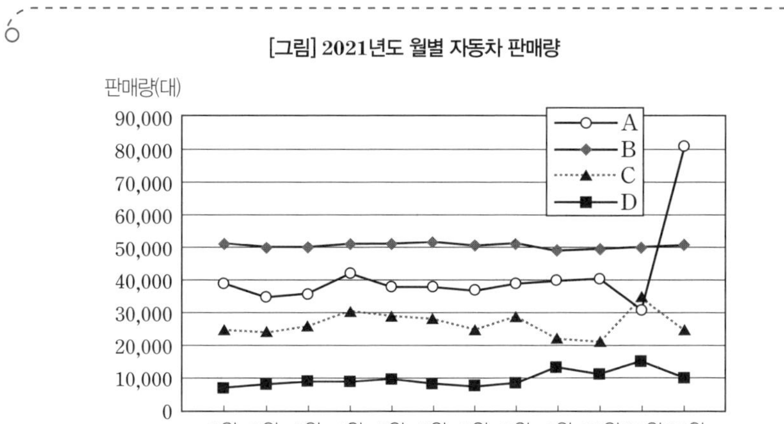

ㄱ. 11월 (다)와 (라)는 전월보다 판매량이 증가하였다.

ㄴ. 12월 (가)의 판매량은 1월에 비하여 2배 이상이 되었다.

ㄷ. (나)는 다른 모델들에 비해 월별 판매량 변화가 비교적 작았다.

ㄹ. (라)는 1년 내내 (가)보다 월별 판매량이 적었다.

	A	B	C	D
①	(가)	(나)	(다)	(라)
②	(가)	(나)	(라)	(다)
③	(나)	(가)	(라)	(다)
④	(나)	(가)	(다)	(라)
⑤	(나)	(라)	(다)	(가)

ㄱ. 11월에 전월보다 판매량이 증가한 것은 C와 D이다.

ㄴ. 12월의 판매량이 1월의 2배 이상인 것은 A이다. 따라서 A가 (가)이다.

ㄷ. B가 다른 모델들에 비해 월별 판매량 변화가 비교적 작은 것을 알 수 있다. 따라서 B는 (나)이다.

ㄹ. 1년 내내 (가)보다 월별 판매량이 적은 것은 D이다. 따라서 D는 (라)이고, C는 (다)가 된다.

30 다음은 각 도시간의 물류비용을 [표]로 나타낸 것이다. A시에서 출발하여 F시까지 10톤의 화물을 최소비용으로 운송할 때 지나지 않아야 하는 도시를 모두 고르면?

[표] 각 도시 간 물류비용 행렬표

(단위 : 만 원/톤)

	A	B	C	D	E	F
A	–	7	6	∞	∞	∞
B	7	–	∞	10	3	6
C	6	∞	–	∞	7	∞
D	∞	10	∞	–	∞	4
E	∞	3	7	∞	–	1
F	∞	6	∞	4	1	–

※ ∞는 비용이 무한히 소요된다는 것을 의미함.

① B, C ② B, D
③ C, D ④ C, E
⑤ E, F

정답 해설 A시를 출발하여 F시까지 가는 방법과 그때의 비용을 구하면 다음과 같다.

A–B–F : 13
A–B–D–F : 21
A–B–E–F : 12
A–C–E–B–F : 22
A–C–E–F : 14

따라서 A시에서 F시까지 최소비용의 경로는 A–B–E–F이므로 C시와 D시를 지나지 않아야 한다.

31 다음 [그림]은 외국인 직접투자의 투자건수 비율과 투자금액 비율을 투자규모별로 나타낸 자료이다. 이에 대한 설명으로 옳지 않은 것은?

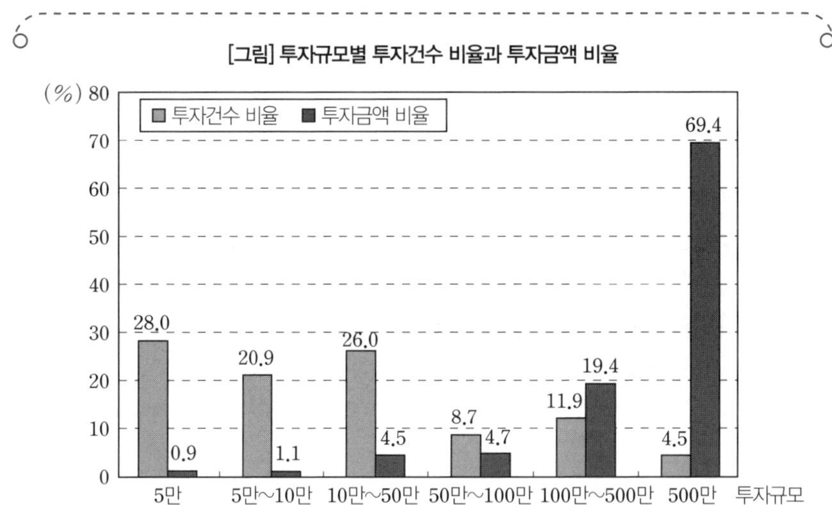

※ 투자규모는 외국인 직접투자의 건당 투자금액을 기준으로 구분함.

※ 투자건수 비율(%)$=\frac{\text{투자규모별 외국인 직접투자 금액 합계}}{\text{전체 외국인 직접투자 금액 합계}}\times 100$

※ 투자금액 비율(%)$=\frac{\text{투자규모별 외국인 직접투자 건수}}{\text{전체 외국인 직접투자 건수}}\times 100$

① 투자규모가 100만 달러 이상인 투자금액 비율은 85%이상이다.

② 투자규모가 100만 달러 이상인 투자건수는 5만 달러 미만의 투자건수보다 적다.

③ 투자규모가 50만 달러 미만인 투자건수 비율은 70%이상이다.

④ 투자규모가 100만 달러 이상인 투자건수는 전체 외국인 직접 투자건수의 25% 이상이다.

⑤ 투자규모가 500만 달러 이상인 금액 합계는 전체 외국인 직접투자 금액 합계의 65%이상이다.

정답 해설 투자건수 비율을 말하는 것으로 100만 달러 이상인 투자건수 비율은 16.4%로 25%이하이다.

32 다음 [표]는 2021년 통근시간별 통근인구에 대한 자료이다. 통근시간이 1시간 이상 걸리는 사람들의 비율은 얼마인가?

[표] 2021년 통근시간별 통근인구

(단위 : 천 명)

구분	통근인구
계	23,500
15분미만	5,794
15~30분	6,035
30~45분	6,383
45~60분	1,055
60~90분	3,159
90~120분	762
120분 이상	312

① 약 18%
② 약 20%
③ 약 22%
④ 약 24%
⑤ 약 26%

1시간 이상 걸리는 사람은 3,159+762+312=4,233천 명이므로

$\frac{4,233}{23,500}\times100\fallingdotseq18\%$

[33~34] 다음은 성 · 연령별 이혼에 대한 자료이다. 자료를 참고하여 물음에 답하시오.

총 문항 수 : 2문항 | 총 문제풀이 시간 : 2분 20초 | 문항당 문제풀이 시간 : 1분 10초

남성의 연령별 이혼건수

(단위 : 천 건)

구분	2019년	2020년	2021년
계	109.2	107.3	106.0
19세 이하	0.0	0.0	0.0
20~24세	1.1	1.1	1.1
25~29세	3.3	3.2	3.3
30~34세	9.9	9.5	8.8
35~39세	14.7	14.6	14.6
40~44세	19.5	18.0	16.7
45~49세	20.3	20.1	19.8
50~54세	17.2	16.6	16.1
55~59세	11.6	11.9	12.0
60세 이상	11.6	12.3	13.6

여성의 연령별 이혼건수

(단위 : 천 건)

구분	2019년	2020년	2021년
계	109.2	107.3	106.0
19세 이하	0.2	0.2	0.2
20~24세	3.1	3.0	2.8
25~29세	7.3	7.2	7.1
30~34세	14.3	13.6	12.9
35~39세	17.0	16.7	16.9
40~44세	20.8	19.2	18.1
45~49세	18.7	18.9	19.3
50~54세	13.3	13.0	12.8
55~59세	8.2	8.5	7.9
60세 이상	6.3	7.0	8.0

정답 32 ①

33 위의 자료에 대한 설명으로 옳은 것은?

① 2021년 남성의 이혼 수는 전년대비 모두 감소했다.

② 2019년 여성의 이혼율은 40대 후반이 가장 높다.

③ 2021년 30대 후반 여성의 이혼 수는 전년대비 증가했다.

④ 여성의 이혼 건수는 매년 늘어나고 있다.

⑤ 2021년 남성의 연령별 이혼율은 40대 초반이 20대 후반보다 약 10배 높다.

정답해설

③ 2020년은 16.7천 건이고, 2021년은 16.9천 건이므로 전년대비 증가했다.

① 2021년 남성의 이혼 수는 전년대비 30대 초반, 40대 초반부터 50대 초반까지만 감소했다.

② 2019년 여성의 이혼율은 40대 초반이 $\frac{20.8}{109.2} \times 100 \fallingdotseq 19\%$로 가장 높다.

④ 여성의 이혼 건수는 매년 늘어나고 있지 않다.

⑤ 20대 후반 $= \frac{3.3}{106} \times 100 \fallingdotseq 3.1\%$이고, 40대 초반 $= \frac{16.7}{106} \times 100 \fallingdotseq 15.8\%$이므로 약 5배 높다.

34 40대 후반 남녀의 이혼율이 가장 높은 연도는?

	남성	여성
①	2019년	2020년
②	2020년	2021년
③	2021년	2021년
④	2021년	2020년
⑤	2020년	2019년

구분	2019년	2020년	2021년
남성	18.59%	18.73%	18.68%
여성	17.12%	17.61%	18.20%

따라서 남성의 경우 2020년, 여성의 경우 2021년이 가장 높다.

35 다음 [표]는 인구 1,000명 당 주택수에 대한 자료이다. 2021년 전국 인구수가 5.3천만 일 때, 전국의 주택수를 구하면?

[표] 인구 1,000명 당 주택수

(단위 : 호)

구분	2019년
전국	383
수도권	356.8
지방	408.7

※ 인구 1,000명 당 주택수=(주택수÷총인구)×1,000

① 18,399,000
② 19,299,000
③ 20,299,000
④ 21,199,000
⑤ 22,599,000

정답 해설 주어진 공식을 이용하면

383=(주택수÷53,000,000)×1,000

주택수=0.383×53,000,000=20,299,000

36 특허출원 수수료는 다음과 같은 계산식에 의하여 결정된다. 다음 [표]는 계산식에 의하여 산출된 세 가지 사례를 나타낸 것이다. 면당추가료와 청구항당 심사청구료를 각각 구하면?

특허출원 수수료＝출원료＋심사청구료

출원료＝기본료＋(면당추가료×전체면수)

심사청구료＝청구항당 심사청구료×청구항수

※ 특허출원 수수료는 개인은 70%가 감면되고, 중소기업은 50%가 감면되지만, 대기업은 감면되지 않음.

[표] 특허출원 수수료 사례

구분	사례 A	사례 B	사례 C
	대기업	중소기업	개인
전체면수(장)	20	20	40
청구항수(개)	2	3	2
감면 후 수수료(원)	70,000	45,000	27,000

	면당추가료	청구항당 심사청구료
①	1,000원	15,000원
②	1,000원	20,000원
③	1,500원	15,000원
④	1,500원	20,000원
⑤	1,500원	25,000원

정답 해설 구하고자 하는 면당추가료를 x, 청구항당 심사청구료를 y라 하면,

사례 A : 기본료$+20x+2y=70,000$(원)

사례 B : 기본료$+20x+3y=90,000$(원) → 50% 감면 전

사례 C : 기본료$+40x+2y=90,000$(원) → 70% 감면 전

연립하여 계산하면 $x=1,000$(원), $y=20,000$(원)이다.

37 간지(干支)란 10천간과 12지신을 서로 조합한 것을 이르는 말이며, 연도를 표시하는 데 이용된다. 10개의 천간과 12개의 지신을 조합하면 갑자, 을축, 병인, … 임신, 계유, 갑술, 을해, 병자, … 임술, 계해의 60가지가 나오고 이는 60년을 주기로 반복된다. 다음 [표]에 기초하여 (A), (B)에 들어갈 연도를 바르게 나열한 것은?

[표] 10천간과 12지신

10천간	갑	을	병	정	무	기	경	신	임	계

12지신	자	축	인	묘	진	사	오	미	신	유	술	해

임진왜란 이후 정권을 잡은 북인은 계해년(1623년) 인조반정에 의해 몰락하게 되고 붕당정치는 서인과 남인의 대결로 심화되었다. 두 차례의 예송과 경신환국을 거치면서 집권을 계속하던 서인은 이른바 (A) 기사환국으로 물러나게 되고 남인이 다시 등용되었다. 그러나 숙종에 의하여 서인이 다시 등용되는 (B) 갑술환국이 벌어졌다.

	(A)	(B)
①	1688년	1693년
②	1688년	1694년
③	1689년	1694년
④	1689년	1695년
⑤	1690년	1695년

정답해설 (A) : 제시문 중에 계해년이 1623년이므로 1624년은 갑자년이 되고 60년을 주기로 반복된다 하였으므로 1684년도 갑자년이 된다. [표]에서 기사년은 갑자년보다 5년 뒤이므로 1689년이 된다.
(B) : 갑술년은 갑자년보다 10년 뒤이므로 1694년이 된다.

38 다음 [그림]은 A, B, C, D국의 출산율과 빈곤율 간의 관계 및 출산율과 인간개발지수 간의 관계를 나타낸 그래프이다. 다음 [그림]에서 출산율이 3.7명인 C국의 빈곤율과 인간개발지수를 구하면?

[그림1] 출산율과 빈곤율 간의 관계

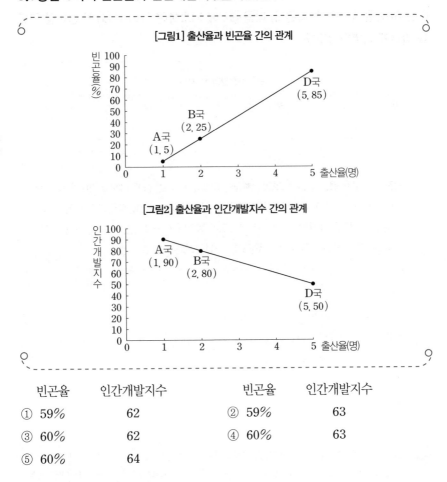

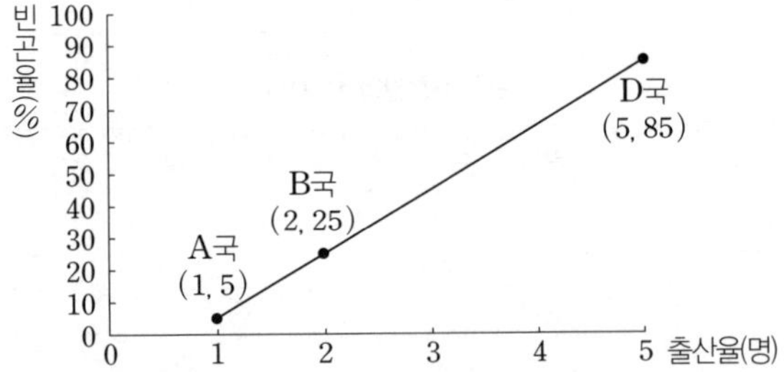

[그림2] 출산율과 인간개발지수 간의 관계

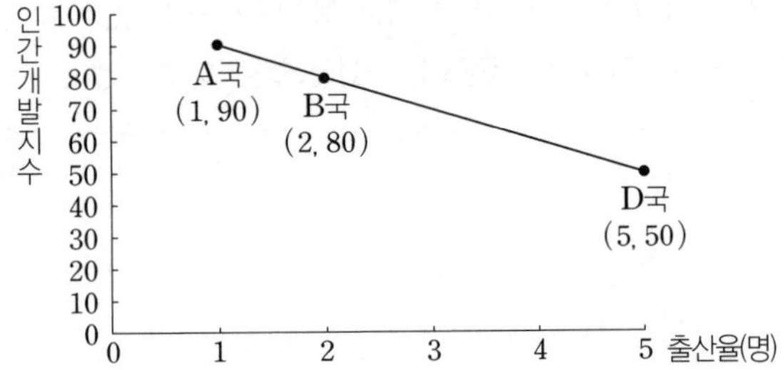

	빈곤율	인간개발지수		빈곤율	인간개발지수
①	59%	62	②	59%	63
③	60%	62	④	60%	63
⑤	60%	64			

정답 해설 [그림1]에서 A(1, 5), B(2, 25)를 이용하여 함수의 방정식을 구하면 $y=20x-15$이다.
(y는 빈곤율, x는 출산율)
[그림2]의 방정식은 $z=-10x+100$이다.(z는 인간개발지수, x는 출산율)
C국의 출산율이 3.7명이므로 대입하면 빈곤율은 59%, 인간개발지수는 63이다.

39 다음 [그림]은 A도시 남성의 성인병과 비만에 대한 것이다. A도시 남성 가운데 20%가 성인병이 있다고 하면, 이 도시에서 비만인 남성 가운데 성인병이 있는 남성의 비율은?

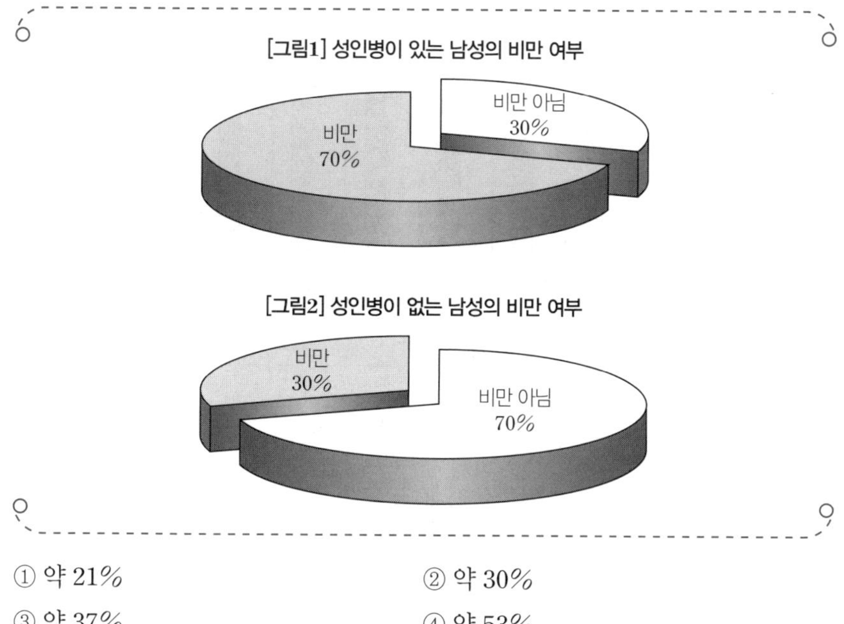

① 약 21%
② 약 30%
③ 약 37%
④ 약 53%
⑤ 약 60%

정답 해설 전체에서 성인병이 있는 남성의 비율이 20%, [그림1]에서 비만인 남성의 비율이 70%이므로 전체 남성 중 성인병이 있으면서 비만인 남성의 비율은 14%이다.
전체에서 성인병이 없는 남성의 비율은 80%, [그림2]에서 비만인 남성의 비율은 30%이므로 전체 남성 중 성인병은 없지만 비만인 남성의 비율은 24%이다.
전체 남성 중 비만인 남성의 비율은 38%로 전체 남성 중 비만이면서 성인병이 있는 남성의 비율은 $\frac{14}{38}\times 100 \fallingdotseq 37(\%)$이다.

정답 38 ② | 39 ③

40 다음 [그림]은 성인의 문해율 및 문맹 청소년에 관한 자료이다. 이에 대한 설명 중 옳은 것은?

[그림1] 지역별 성인 문해율

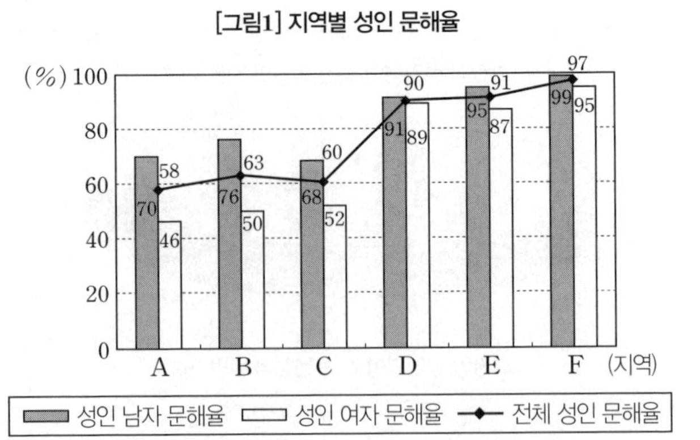

[그림2] 문맹 청소년 지역별 분포

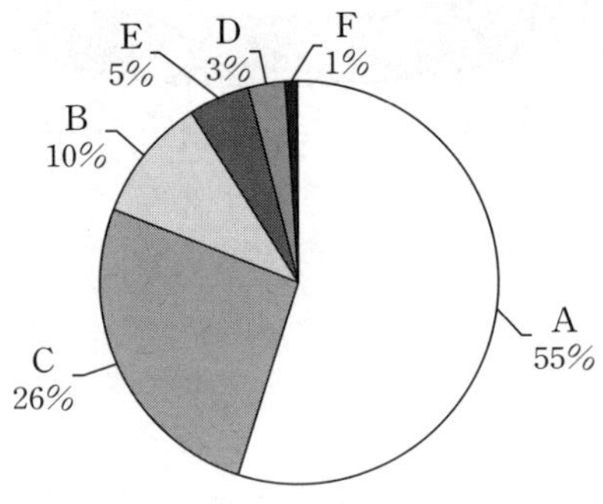

① 성인 남자 문맹률이 높은 지역일수록 문맹 청소년 수가 많다.

② A지역의 경우, 성인 남자 문맹자 수는 성인 여자 문맹자 수보다 많다.

③ 남녀 간 성인 문해율의 차이가 가장 큰 지역은 C이다.

④ A지역의 문맹 청소년 수는 C지역의 문맹 청소년 수의 2배 이상이다.

⑤ F지역의 경우, 전체 성인 문해율이 가장 낮다.

정답 해설 전체 문맹 청소년 중 A지역에 사는 사람은 55%, C지역에 사는 사람은 26%이므로 2배 이상이다.

41 다음 [표]는 A도서관에서 특정시점에 구입한 도서 10,000권에 대한 5년간 대출현황을 조사한 자료이다. 이에 대한 설명 중 옳지 않은 것은?

[표] 도서 10,000권에 대한 5년 간 대출현황

(단위 : 권)

대출횟수 \ 조사대상기간	구입~1년	구입~3년	구입~5년
0	5,302	4,021	3,041
1	2,912	3,450	3,921
2	970	1,279	1,401
3	419	672	888
4	288	401	519
5	109	177	230
계	10,000	10,000	10,000

① 구입 후 1년 동안 도서의 절반 이상이 대출되었다.
② 도서의 약 40%가 구입 후 3년 동안 대출되지 않았으며, 도서의 약 30%가 구입 후 5년 동안 대출되지 않았다.
③ 구입 후 1년 동안 1회 이상 대출된 도서의 60%이상이 단 1회 대출되었다.
④ 구입 후 1년 동안 도서의 평균 대출횟수는 약 0.78이다.
⑤ 구입 후 5년 동안 3회 이상 대출된 도서는 약 16%이다.

정답 해설 구입 후 1년 동안 5,302권이 대출되지 않았으므로 대출된 책의 비율은 50%보다 적다.

42 다음 [그림]은 J씨의 하루 동안 활동경로를 나타낸 것이다. 오전 중의 이동경로를 구하면?

[그림] J씨의 시간-공간 활동경로

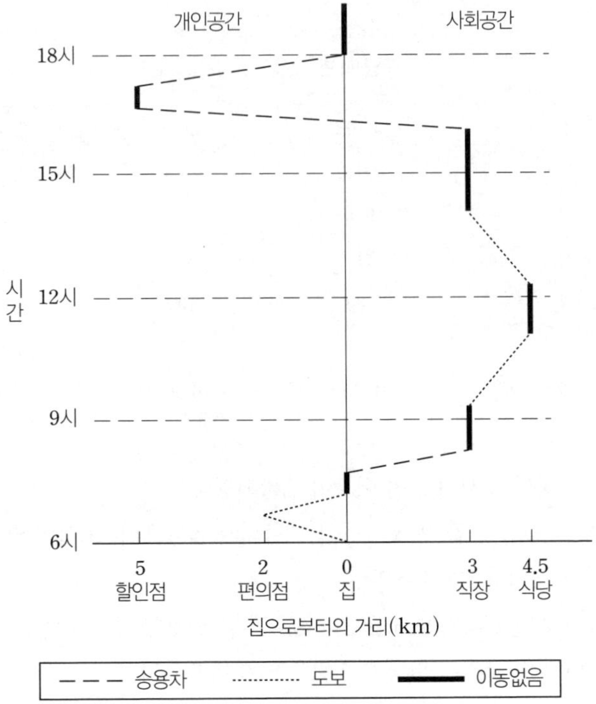

개인공간 사회공간

시간
18시
15시
12시
9시
6시

5 할인점
2 편의점
0 집
3 직장
4.5 식당

집으로부터의 거리(km)

승용차 도보 이동없음

※ 집을 중심으로 한 좌우의 각 지점은 개인공간(할인점, 편의점)과 사회공간(직장, 식당)으로 구분한 것임

① 집 → 편의점 → 직장 → 식당

② 집 → 편의점 → 집 → 직장 → 식당

③ 집 → 직장 → 식당 → 직장

④ 편의점 → 집 → 직장 → 식당 → 직장

⑤ 편의점 → 집 → 식당 → 직장 → 집

정답해설 오전 중의 이동경로는 집 → 편의점 → 집 → 직장 → 식당이다.

43 다음 [그림]은 음식점 선택의 5개 속성별 중요도 및 이들 속성에 대한 A와 B음식점의 성과도에 관한 자료이다. 만족도가 가장 높은 속성은 무엇인가?

[그림] 음식점 선택의 속성별 중요도 및 음식점별 성과도

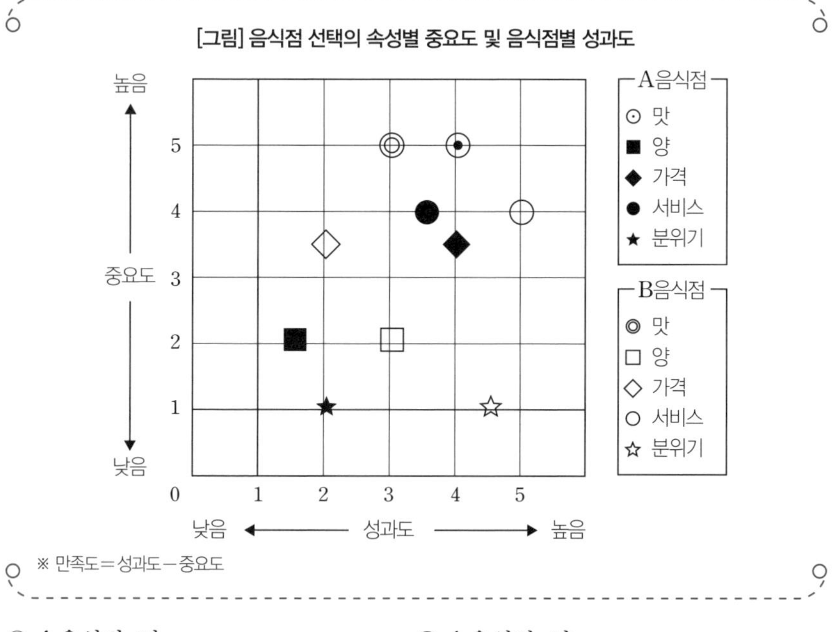

※ 만족도＝성과도－중요도

① A음식점, 맛
② A음식점, 양
③ B음식점, 분위기
④ B음식점, 서비스
⑤ B음식점, 가격

정답 해설 '만족도＝성과도－중요도'로 정의되어 있으므로 각 속성의 만족도를 알 수 있다. 중요도가 낮을수록 만족도가 높으므로 만족도가 가장 높은 속성은 B음식점의 분위기 속성이다.

44 **다음은 2021년에 조사한 실업자와 실업률의 추세에 관한 그래프이다. 2021년 6월의 실업률은 전월 대비 몇 %p 증감하였는가?**

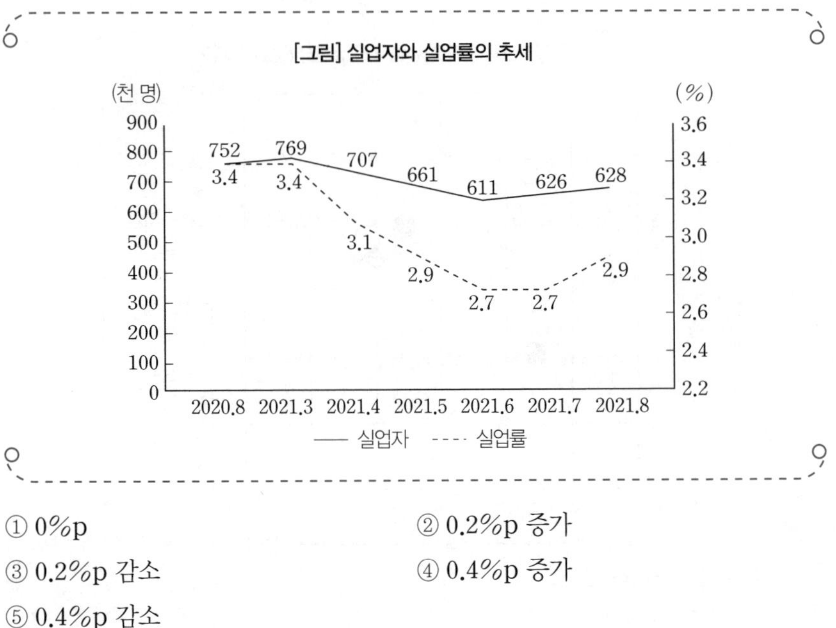

① 0%p
② 0.2%p 증가
③ 0.2%p 감소
④ 0.4%p 증가
⑤ 0.4%p 감소

정답해설 2021년 6월의 실업률은 2.7%이고 5월의 실업률은 2.9%이므로
2.7%−2.9%=−0.2%p

45 다음 [표]는 KTX운임표이다. A씨는 인천공항(T2)에서 출발하여 강릉으로 출장을 갔다가 강릉에서 서울로 돌아왔다. 이때, A씨가 지불한 요금과 걸린 시간은 얼마인가?

→ 기본운임(원)

↓ 거리표(분)

인천공항(T2)	8,400	8,400	13,900	15,500	15,900	20,500	27,800	30,700	33,500	41,500
5.8	인천공항(T1)	8,400	12,500	14,100	14,500	19,100	26,400	29,300	32,100	40,100
31.3	25.5	검안	8,400	8,400	8,400	12,800	20,100	23,000	25,800	33,800
62.7	56.9	31.4	서울	8,400	8,400	8,400	13,900	16,800	19,700	27,600
78.6	72.8	47.3	15.9	청량리	8,400	8,400	12,300	15,200	18,000	26,000
82.6	76.8	51.3	19.9	4.0	상봉	8,400	11,900	14,800	17,600	25,600
126.5	120.7	95.2	63.8	47.9	43.9	양평	8,400	10,200	13,100	21,000
188.7	182.9	157.4	126.0	110.1	106.1	62.2	횡성	8,400	8,400	13,700
209.2	203.4	177.9	146.5	130.6	126.6	82.7	20.5	둔내	8,400	10,800
229.3	223.5	198.0	166.6	150.7	146.7	102.8	40.6	20.1	평창	8,400
285.9	280.1	254.6	223.2	150.7	203.3	159.4	97.2	76.7	56.6	강릉

	요금	시간
①	41,500원	487.0분
②	58,200원	500.7분
③	69,100원	509.1분
④	72,300원	529.3분
⑤	75,800원	585.9분

인천공항(T2) → 강릉의 경우 요금은 41,500원, 시간은 285.9분

강릉 → 서울의 경우 요금은 27,600원, 시간은 223.2분

따라서 요금은 41,500+27,600=69,100원이고, 시간은 285.9+223.2=509.1분

46 다음은 지원자 361명의 1차 및 2차 시험결과의 분포를 나타낸 표이다. 1차 시험에서 20점 미만을 받은 지원자의 2차 평균점수의 범위를 맞게 표시한 것은? (단, 소수점 둘째자리에서 반올림함)

[표] 1차와 2차 시험결과 점수의 분포 교차도

(단위 : 명)

2차 \ 1차	0~9점	10~19점	20~29점	30~39점	40~49점	50~59점	60~69점	70~79점	80~89점	90~100점
0~9점	2	4	4							
10~19점	3	8	6	4				2		
20~29점		7	18	14			1	1		
30~39점			22	35	19	16				
40~49점				13	37	21				
50~59점			2	4	18	26	11	6		
60~69점			1	1		3	17	10	4	
70~79점							4	7	2	3
80~89점								1	2	1
90~100점										1

① 약 10.4점~약 15.0점
② 약 15.0점~약 19.4점
③ 약 10.4점~약 19.4점
④ 약 15.0점~약 20.4점
⑤ 약 15.0점~약 21.4점

1차 시험에서 20점 미만을 받은 지원자는 24명.

1차 시험에서 20점 미만을 받은 지원자들의 2차 시험 점수 분포는

• 0~9점 : 6명 • 10~19점 : 11명 • 20~29점 : 7명

그 중 모두가 최저점수를 받았을 경우의 평균은

$$\frac{0\times6+10\times11+20\times7}{24}=\frac{250}{24}\fallingdotseq10.4(\text{점})$$

그 중 모두가 최고점수를 받았을 경우의 평균은

$$\frac{9\times6+19\times11+29\times7}{24}=\frac{466}{24}\fallingdotseq19.4(\text{점})$$

47 다음은 사원 여행지를 결정하기 위해 사원 60명에게 설문을 한 결과이다. 2020년 11월의 설문에서 중복응답을 한 사람의 수는? (단, 중복응답의 경우에도 응답은 2개를 초과하지 않는다고 가정한다.)

[그림] 사원 여행지에 대한 설문 결과

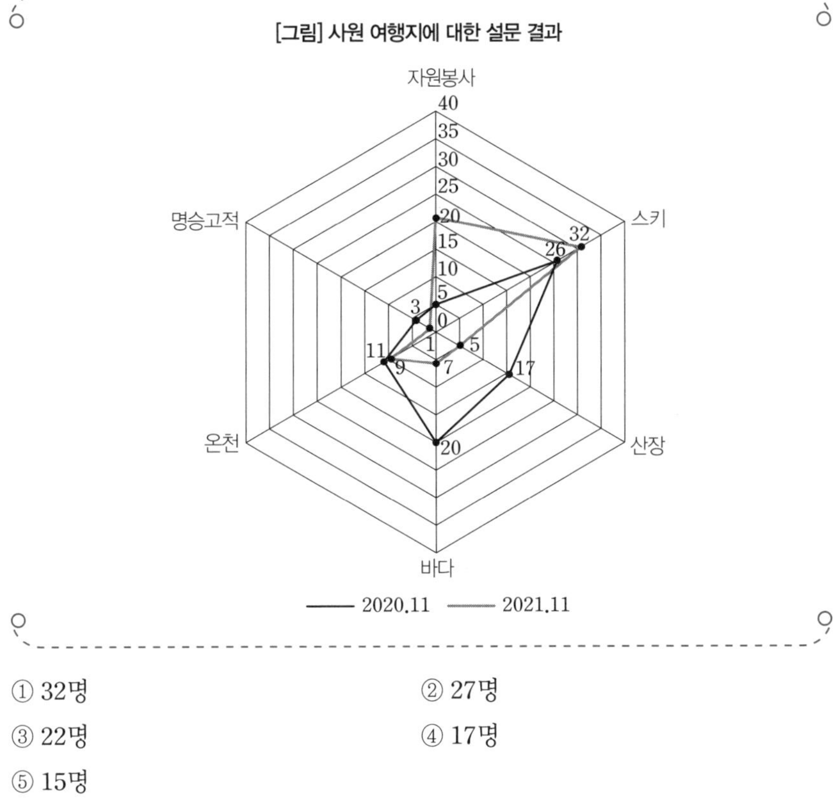

① 32명
② 27명
③ 22명
④ 17명
⑤ 15명

정답 해설 2020년의 설문에 대답한 사람의 수는 82명으로 여기서 전체 사원수인 60명을 뺀 22명이 중복응답을 하였다.

[48~49] 다음은 국외도피사범의 검거 및 국내 송환현황을 보여주는 자료이다.

총 문항 수 : 2문항 | 총 문제풀이 시간 : 1분 40초 | 문항당 문제풀이 시간 : 50초

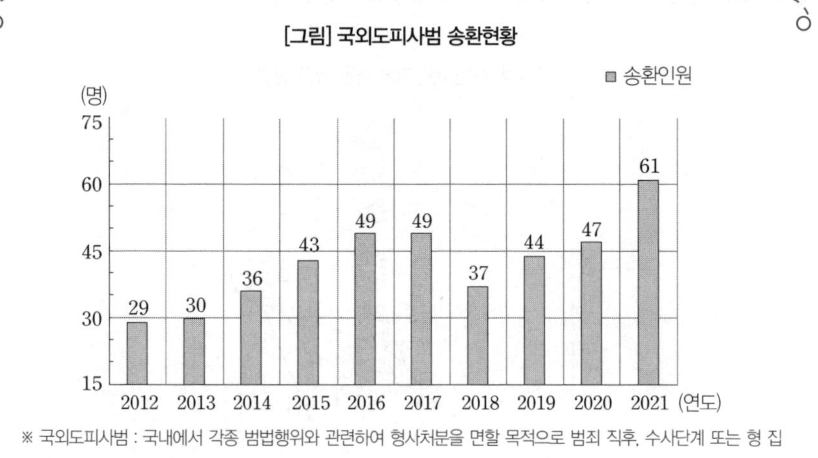

※ 국외도피사범 : 국내에서 각종 범법행위와 관련하여 형사처분을 면할 목적으로 범죄 직후, 수사단계 또는 형 집행 중 국외로 도피한 내국인

48 2021년 국외도피사범의 국내송환은 2019년에 비해 몇 % 증가하였는가?

① 약 21.4%
② 약 38.6%
③ 약 42.1%
④ 약 51%
⑤ 약 54%

정답 해설 $\frac{61-44}{44} \times 100 ≒ 38.6(\%)$

49 2014년부터 2018년까지 국외도피사범의 국내송환은 평균 몇 명인가?

① 37.8명　　② 39.6명

③ 40.1명　　④ 41.5명

⑤ 42.8명

정답 해설 $\frac{36+43+49+49+37}{5}=42.8$(명)

[50~51] 다음은 성별에 다른 X기업의 직무 고용자료이다.

총 문항 수 : 2문항 | 총 문제풀이 시간 : 1분 40초 | 문항당 문제풀이 시간 : 50초

[표] 성별에 따른 X기업의 직무 고용자료

(단위 : 명)

직무분류	남성채용자수	남성지원자수	여성채용자수	여성지원자수
A	3	6	4	6
B	1	3	1	2
C	0	1	1	10
D	85	100	2	40
E	2	3	2	2
F	3	7	4	7
합계	94	120	14	67

※ 채용률 $=\frac{\text{채용자수}}{\text{지원자수}}$

50 전체 남성채용률은 여성채용률의 약 몇 배 이상인가?

① 3배 이상
② 4배 이상
③ 5배 이상
④ 7배 이상
⑤ 8배 이상

정답해설 전체 남성채용률은 약 0.78이고, 여성채용률은 약 0.21로 전체 남성채용률은 여성채용률의 3배 이상이다.

51 만약 각 기업별 전체 채용자 중 여성을 8% 이상 채용하도록 할당한다면, X기업은 할당기준에 비해 여성을 몇 명 더 채용하였는가? (단, 소수점 첫째자리에서 반올림함)

① 3명
② 4명
③ 5명
④ 6명
⑤ 7명

정답해설 X기업의 전체 채용자수는 108명으로 이 중 8%는 약 9명이다. 현재 X기업의 여성채용자수는 14명이므로 X기업은 할당 기준 9명에 비해 5명을 더 채용하였다.

52 다음 [표]는 우울감 경험률을 나타낸 자료이다. 이에 대한 설명으로 옳은 것을 고르면?

[표] 성 및 연령집단별 우울감 경험률

(단위 : %)

구분		2019년	2020년	2021년
성	남자	8.9	6.6	9.5
	여자	15.9	13.7	16.5
연령집단	19~29세	9.3	10.4	14.9
	30~39세	10.8	7.6	10.3
	40~49세	12.9	8.3	10.8
	50~59세	15.0	13.1	13.1
	60~69세	15.1	12.4	18.2
	70세 이상	17.9	16.1	15.2

※ 우울감 경험률=(만 19세 이상 최근 1년 동안 연속적으로 2주 이상 일상생활에 지장이 있을 정도로 슬프거나 절망감 등을 느낀 응답자 수÷만 19세 이상 조사 대상자 수)×100

ㄱ. 2020년 남녀 모두 우울감이 심했다.
ㄴ. 2021년 여자의 우울감은 남자의 우울감의 2배 이상이다.
ㄷ. 70세 이상의 우울감은 점점 나아지고 있다.
ㄹ. 경험률의 수치만으로는 대상자의 수를 알 수 없다.

① ㄱ, ㄴ
② ㄴ, ㄹ
③ ㄱ, ㄷ
④ ㄷ, ㄹ
⑤ ㄴ, ㄷ, ㄹ

정답 해설

ㄷ. 70대 이상의 우울감의 수치가 낮아지고 있어 점점 나아지고 있음을 알 수 있다.
ㄹ. 경험률의 수치만으로는 응답자 수를 알 수 없으므로 대상자의 수 또한 알 수 없다.
ㄱ. 2020년 남녀 모두 우울감이 나아졌다.
ㄴ. 2021년 여자의 우울감(16.5%)은 남자의 우울감(9.5%)의 2배 미만이다.

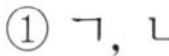

53 다음 [표]는 2021년 한 해 동안 A, B, C역의 이용 승객을 연령대별로 나타낸 것이다. 2021년 C역을 이용한 30대 이상의 승객 수는 B역을 이용한 30대 미만의 승객 수의 몇 배인가? (단, 소수점 둘째자리에서 반올림함)

[표] A, B, C역 연령대별 이용 승객

(단위 : %)

구분	10대	20대	30대	40대	50대	총 이용 인원 수(천 명)
A역	7	19	25	27	22	3,200
B역	3	16	23	38	20	1,800
C역	16	37	18	17	12	2,400

① 약 3.1배
② 약 3.3배
③ 약 3.5배
④ 약 3.7배
⑤ 약 3.9배

정답 해설 C역을 이용한 30대 이상의 승객 수 : 2,400×(0.18+0.17+0.12)=1,128천 명
B역을 이용한 30대 미만의 승객 수 : 1,800×(0.03+0.16)=342천 명
∴ 1,128÷342≒3.3(배)

54 다음 [표]는 3개의 생산 공장에서 생산하는 음료수의 1일 생산량을 나타낸 것이다. A~C 음료수에 대한 생산 비율 중 B음료수의 생산 비율이 가장 낮은 공장과 그 비율은? (단, 소수점 이하는 생략함)

[표] 3개의 생산 공장에서 생산하는 음료수의 1일 생산량

(단위 : 개)

구분	A음료수	B음료수	C음료수
가 공장	15,000	22,500	7,500
나 공장	36,000	48,000	18,000
다 공장	9,000	14,000	5,000

① 가 공장, 50%
② 가 공장, 45%
③ 다 공장, 47%
④ 나 공장, 45%
⑤ 나 공장, 47%

정답해설 각 공장의 B음료수 생산 비율을 구하면 다음과 같다.

가 공장 : $\frac{22{,}500}{15{,}000+22{,}500+7{,}500}\times 100=50\%$

나 공장 : $\frac{48{,}000}{36{,}000+48{,}000+18{,}000}\times 100≒47\%$

다 공장 : $\frac{14{,}000}{9{,}000+14{,}000+5{,}000}\times 100=50\%$

따라서 나 공장의 생산 비율이 47%로 가장 낮다.

[55~56] 다음은 2016~2021년 야구, 축구, 농구, 핸드볼, 배구의 관중 수용률에 대한 자료이다. 물음에 답하시오.

총 문항 수 : 2문항 | 총 문제풀이 시간 : 1분 40초 | 문항당 문제풀이 시간 : 50초

(단위 : 천 명, %)

종목	구분 \ 연도	2016	2017	2018	2019	2020	2021
야구	수용 규모	20,429	20,429	20,429	20,429	19,675	19,450
	관중 수용률	30.6	41.7	53.3	56.6	58.0	65.7
축구	수용 규모	40,255	40,574	40,574	37,865	36,952	33,314
	관중 수용률	21.9	26.7	28.7	29.0	29.4	34.9
농구	수용 규모	5,899	6,347	6,354	6,354	6,354	6,653
	관중 수용률	65.0	62.8	66.2	65.2	60.9	59.5
핸드볼	수용 규모	3,230	2,756	2,756	2,756	2,066	2,732
	관중 수용률	26.9	23.5	48.2	43.8	34.1	52.9
배구	수용 규모	5,129	5,129	5,089	4,843	4,409	4,598
	관중 수용률	16.3	27.3	24.6	30.4	33.4	

※ 관중 수용률(%) $= \frac{\text{연간 관중 수}}{\text{연간 경기장 수용 규모}} \times 100$

55 2020년에 연간 관중 수가 가장 많은 종목은?

① 야구 ② 축구
③ 농구 ④ 핸드볼
⑤ 배구

정답 해설 각 종목의 2020년 연간 관중 수를 구하면,
야구 : 19,675×0.58=11,411.5(천 명)
축구 : 36,952×0.294=10,863.888(천 명)
농구 : 6,354×0.609=3,869.586(천 명)
핸드볼 : 2,066×0.341=704.506(천 명)
배구 : 4,409×0.334=1,472.606(천 명)

56 2021년 배구의 연간 관중 수가 1,774,828일 때, 관중 수용률은?

① 38.0% ② 38.2%
③ 38.4% ④ 38.6%
⑤ 39.1%

정답 해설 $\frac{1,774,828}{4,598,000} \times 100 = 38.6(\%)$

[57~58] 다음은 출소자 수와 재복역자 수에 관한 자료이다. 자료를 참고하여 물음에 답하시오.

총 문항 수 : 2문항 | 총 문제풀이 시간 : 2분 20초 | 문항당 문제풀이 시간 : 1분 10초

출소자 수와 재복역자 수

(단위 : 명)

구분	4년 전 출소자 수	4년 전 출소자 중 3년 이내 재복역자 수
2012년	29,875	6,772
2013년	27,489	6,169
2014년	24,626	5,553
2015년	24,151	5,396
2016년	25,802	5,737
2017년	25,725	5,699
2018년	25,066	5,547
2019년	25,066	5,547
2020년	23,045	4,936
2021년	22,028	5,465

※ 재범률(3년 이내 재복역률)=(4년 전 출소자 중 3년 이내 재복역자수÷4년 전 출소자수)×100

57 **2021년 재범률은 전년대비 얼마나 증가했는가? (단, 소수점 둘째자리에서 반올림함)**

① 약 1.8%
② 약 2.2%
③ 약 2.9%
④ 약 3.4%
⑤ 약 3.8%

정답해설 2020년 재범률은 $\frac{4,936}{23,045}\times 100 ≒ 21.4\%$이고,

2021년 재범률은 $\frac{5,465}{22,028}\times 100 ≒ 24.8\%$이므로

$24.8-21.4=3.4\%$ 증가했다.

58 **2012년부터 2016년까지 재범률이 가장 높은 연도는?**

① 2012년
② 2013년
③ 2014년
④ 2015년
⑤ 2016년

정답해설 재범률을 구해보면

2012년 : $\frac{6,772}{29,875}\times 100 ≒ 22.7\%$

2013년 : $\frac{6,169}{27,489}\times 100 ≒ 22.4\%$

2014년 : $\frac{5,553}{24,626}\times 100 ≒ 22.5\%$

2015년 : $\frac{5,396}{24,151}\times 100 ≒ 22.3\%$

2016년 : $\frac{5,737}{25,802}\times 100 ≒ 22.2\%$

정답 57 ④ | 58 ①

59 다음 [표]는 어느 지역의 학교별 급식 시행 학교 수와 급식인력의 현황을 나타낸 자료이다. 전체 급식학교의 영양사 충원율을 몇 %인가? (단, 소수점 둘째자리에서 반올림함)

[표] 학교별 급식 시행 학교 수와 급식인력의 현황

(단위 : 개, 명)

구분	급식 시행 학교 수	직종별 급식인력					
		영양사			조리사	조리 보조원	급식인력 합계
		정규직	비정규직	소계			
초등학교	137	95	21	116	125	321	562
중학교	81	27	34	61	67	159	287
고등학교	63	56	37	93	59	174	326
특수학교	5	4	0	4	7	9	20
전체	286	182	92	274	258	663	1,195

※ 각 직종별 충원율(%) $= \frac{\text{각 직종별 급식인력 수}}{\text{학교별 급식 시행 학교 수}} \times 100$

① 약 73.2%
② 약 84.5%
③ 약 95.8%
④ 약 96.5%
⑤ 약 98.2%

정답 해설 영양사 충원율 $= \frac{274}{286} \times 100 \fallingdotseq 95.8(\%)$

[60~62] 다음 [표]는 김장 배추와 김장 무의 재배 면적 및 생산량에 관한 자료이다.

총 문항 수 : 3문항 | 총 문제풀이 시간 : 3분 | 문항당 문제풀이 시간 : 1분

[표1] 지역별 김장 배추 · 김장 무의 재배면적

(단위 : ha)

구분	김장 배추		김장 무	
	2020년	2021년	2020년	2021년
서울	17	8	13	8
부산	141	115	14	4
대구	136	129	36	42
인천	2,223	170	187	184
광주	101	58	108	117
대전	102	59	24	17
울산	129	148	53	71
경기	2,007	1,841	1,638	1,339
강원	918	800	301	318
충북	1,629	1,401	281	353
충남	2,114	2,058	1,136	1,139
전북	1,531	1,485	1,502	1,305
전남	2,353	2,552	803	1,023
경북	1,821	1,458	455	422
경남	1,027	1,082	308	263
제주	213	176	912	868

정답 59 ③

[표2] 연도별 김장 배추 · 김장 무의 총재배면적 및 총생산량

(단위 : ha, 천톤)

구분	김장 배추		김장 무	
	총재배면적	총생산량	총재배면적	총생산량
2020년	16,462	1,505	7,771	675
2021년	13,540	1,583	7,473	624

60 **2020년에 비해 2021년에 김장 배추의 총재배면적당(1ha) 총생산량은 몇 톤 증가하였는가? (단, 소수점 둘째자리에서 반올림함)**

① 24.9톤
② 25.2톤
③ 25.5톤
④ 25.8톤
⑤ 26.1톤

정답 해설 2020년 : $\frac{\text{총생산량}}{\text{총재배면적}}=\frac{1{,}505{,}000\text{톤}}{16{,}462\text{ha}}≒91.4\text{톤/ha}$

2021년 : $\frac{1{,}583{,}000\text{톤}}{13{,}540\text{ha}}≒116.9\text{톤/ha}$

∴ 116.9－91.4＝25.5(톤)

이 문제 중요!

61 2021년에 전년대비 김장 무의 면적이 가장 많이 줄어든 지역은?

① 경기 ② 전북
③ 경북 ④ 제주
⑤ 경남

정답 해설
① 경기 : 1,339−1,638=−299(ha)
② 전북 : 1,305−1,502=−197(ha)
③ 경북 : 422−455=−33(ha)
④ 제주 : 868−912=−44(ha)
⑤ 경남 : 263−308=−45(ha)
∴ 김장 무의 면적이 가장 많이 줄어든 지역은 경기이다.

62 2021년의 김장 배추 총재배면적은 전년대비 몇 % 감소하였는가? (단, 소수점 셋째자리에서 반올림함)

① 15.24% ② 15.78%
③ 16.25% ④ 17.75%
⑤ 18.55%

정답 해설
$\frac{13,540-16,462}{16,462}\times 100=-17.75(\%)$

정답 60 ③ | 61 ① | 62 ④

63 다음 그림은 어느 중학교 1학년 남학생의 몸무게(실선)와 여학생의 몸무게(쇄선)를 도수분포다각형으로 나타낸 것이다. 다음 설명 중 옳은 것의 개수는? (그림에서 각 계급 구간은 왼쪽 끝점은 포함하고 오른쪽 끝점은 포함하지 않는다.)

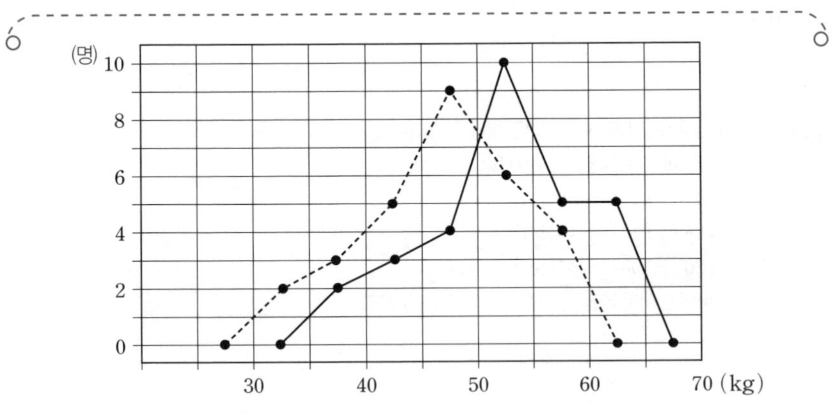

ㄱ. 남학생 수와 여학생 수가 같다.

ㄴ. 남학생이 여학생보다 무거운 편이다.

ㄷ. 가장 무거운 학생은 여학생 중에 있다.

ㄹ. 몸무게가 40kg 이상 55kg 미만인 학생은 여학생보다 남학생이 더 많다.

① 1
② 2
③ 3
④ 4
⑤ 없음

ㄱ. 남학생의 경우 30~35kg에 0명, 35~40kg에 2명, 40~45kg에 3명, 45~50kg에 4명, 50~55kg에 10명, 55~60kg에 5명, 60~65kg에 5명, 65~70kg에 0명이므로 남학생의 수는 29명이다.

여학생의 경우 25~30kg에 0명, 30~35kg에 2명, 35~40kg에 3명, 40~45kg에 5명, 45~50kg에 9명, 50~55kg에 6명, 55~60kg에 4명, 60~65kg에 0명, 65~70kg에 0명이므로 여학생의 수는 29명이다.

그러므로 남학생 수와 여학생 수는 같다.

ㄴ. 전체적으로 남학생의 몸무게를 나타내는 실선이 여학생의 몸무게를 나타내는 쇄선보다 왼쪽에 위치하므로 남학생이 여학생보다 무거운 편이다.

ㄷ. 가장 무거운 학생은 60~65kg에 해당하는 5명의 남학생 중에 있다.

ㄹ. 몸무게가 40kg 이상 55kg 미만인 남학생은 40~45kg에 3명, 45~50kg에 4명, 50~55kg에 10명이므로 17명이다.
몸무게가 40kg 이상 55kg 미만인 여학생은 40~45kg에 5명, 45~50kg에 9명, 50~55kg에 6명이므로 20명이다. 그러므로 몸무게가 40kg 이상 55kg 미만인 학생은 남학생보다 여학생이 더 많다.

64 다음은 총 15개 야구팀의 경기를 시즌 중간에 집계한 결과이다. 각 팀의 승률로 옳은 것은?

순위	팀	남은 경기 수	전체		남은 홈 경기 수	홈경기		최근 10경기		최근 연승 연패
			승수	패수		승수	패수	승수	패수	
1	A	6	55	23	2	33	7	9	1	1패
2	B	6	51	27	4	32	6	6	4	3패
3	C	6	51	27	3	30	9	9	1	1패
4	D	6	51	27	3	16	23	5	5	1패
5	E	5	51	28	2	32	8	7	3	1패
6	F	6	47	31	3	28	11	7	3	1패
7	G	6	47	31	4	20	18	8	2	2패
8	H	6	46	32	3	23	16	6	4	2패
9	I	6	40	38	3	22	17	4	6	2패
10	J	6	39	39	2	17	23	3	7	3패
11	K	5	35	44	3	16	23	2	8	4패
12	L	6	27	51	3	9	30	2	8	6패
13	M	6	24	54	3	7	32	1	9	8패
14	N	6	17	61	3	7	32	5	5	1패
15	O	6	5	73	3	1	38	1	9	3패

정답 63 ② | 64 ④

※ 최근 연승 연패 : 최근 경기까지 몇 연승(연속으로 이김) 또는 몇 연패(연속으로 짐)를 했는지 나타나며, 연승 · 연패하지 않은 경우 최근 1경기의 결과만을 기록함

※ 각 팀은 홈과 원정 경기를 각각 42경기씩 총 84경기 치르며, 무승부는 없음

※ 순위는 전체 경기 승률이 높은 팀부터 1~15위까지 차례로 결정되며, 전체 경기 승률이 같은 경우 홈 경기 승률이 낮은 팀이 해당 순위보다 하나 낮은 순위로 결정됨

※ 전체(홈 경기) 승률 : $\frac{\text{전체(홈 경기) 승수}}{\text{전체(홈경기) 승수}+\text{전체(홈경기) 패수}}$

① A : 약 0.62
② C : 약 0.77
③ I : 약 0.49
④ N : 약 0.22
⑤ C : 약 0.68

팀 A, C, I, N의 승률을 구하면,

A : $\frac{55}{55+23}=\frac{55}{78}≒0.71$

C : $\frac{51}{51+27}=\frac{51}{78}≒0.65$

I : $\frac{40}{40+38}=\frac{40}{78}≒0.51$

N : $\frac{17}{17+61}=\frac{17}{78}≒0.22$

소요시간		채점결과	
목표시간	50분 40초	총 문항수	64문항
실제 소요시간	( )분 ( )초	맞은 문항 수	( )문항
초과시간	( )분 ( )초	틀린 문항 수	( )문항

상황판단검사

상황판단검사

* 상황판단검사는 지원자의 판단능력과 직무성향을 판단하기 위해 실시하므로 정답 및 해설이 제시되지 않습니다.

기출유형분석

문제풀이 시간 : 20초

▶ 다음 제시된 글에는 조직생활에서 겪을 수 있는 상황들이 제시되어있다. 제시된 글을 읽고 보기 중 당신이 생각하기에 가장 바람직한 행동을 고르시오.

새로운 프로젝트를 맡게 되어서 처음 미팅을 가지게 되었다. 생소한 분야라서 그런지 미팅의 내용 중 절반 이상을 이해하지 못했다. 당신은 어떻게 하겠는가?

① 가만히 기다린다.
② 관련 자료를 공부해서 알아낸다.
③ 팀장에게 가르쳐 달라고 한다.
④ 동료에게 물어본다.
⑤ 이해한 척 넘어간다.

정답 해설 주어진 상황에서 본인이 생각하기에 가장 바람직한 행동을 고르는 유형이다. 특별한 정답은 없지만 회사의 입장에서 적절한 답을 선택하는 것이 중요하다.

[01~32] 다음 제시된 글에는 조직생활에서 겪을 수 있는 상황들이 제시되어 있다. 제시된 글을 읽고 보기 중 당신이 생각하기에 가장 바람직한 행동을 고르시오.

총 문항 수 : 32문항 | 총 문제풀이 시간 : 10분 40초 | 문항당 문제풀이 시간 : 20초

01 **당신은 회사의 프로젝트에서 중요한 부분을 담당하고 있지만, 자신의 일에 비해 부족한 연봉과 부당한 직책에 불만을 가지고 있다. 이때 당신의 경쟁 회사로부터 고액의 연봉과 그에 합당한 직책을 조건으로 하는 스카우트 제의가 들어왔다. 당신은 어떻게 하겠는가?**

① 경쟁 회사의 조건이 합당하다면 스카우트 제의를 받아들인다.

② 일단 회사의 프로젝트를 완성하고 그 후 경쟁회사와 협상을 벌인다.

③ 회사에 경쟁 회사로부터의 스카우트 제의를 알린다.

④ 회사에 경쟁 회사로부터의 스카우트 제의를 알리고 연봉과 직책 등을 재협상한다.

⑤ 회사의 프로젝트가 끝날 때까지는 프로젝트에만 몰두한다.

02 **나는 업무시간에 일을 집중해서 빨리 끝내고 정시 퇴근을 하는 게 좋다. 그러나 같은 부서에서 함께 일하고 있는 동료 직원은 아침보다는 오후쯤 업무에 집중해 늦은 시간이 돼서야 일을 마친다. 동료 직원과의 일하는 방식에 차이가 있다면, 당신은 어떻게 하겠는가?**

① 동료 직원의 업무 방식을 따른다.

② 동료 직원과의 개인적인 대화를 통해 나의 입장을 설명한다.

③ 주어진 일을 마친 후에는 정시에 퇴근한다.

④ 팀장님께 공식적으로 애로사항을 이야기한다.

⑤ 팀 회의 시간에 팀원들에게 알려 전체적으로 업무 방식을 조율한다.

03 업무상 3박 4일의 해외출장을 가게 되어 회사로부터 출장경비를 지급받았다. 마침 출장 중인 나라에서 이민 간 친구를 만났다. 그 친구의 권유로 3박 4일 동안 친구의 집에서 숙박을 하였다. 출장을 마치고 돌아오니 숙박비가 절약되어 출장비의 절반이 남았다. 당신은 남은 출장비를 어떻게 하겠는가?

① 회사 경리과에 반납한다.
② 직장 상사에게 절반을 주고 나머지는 본인이 사용한다.
③ 회사에 필요한 물품을 구입하여 제공한다.
④ 선물을 구입하여 직장 동료들과 가족들에게 나누어 준다.
⑤ 출장비를 모두 사용했다고 경리과에 보고하고 본인이 사용한다.

04 회사에서 상금이 걸린 경비절약 아이디어 공모가 있었다. 사직한 전임상사의 서랍에서 우연히 아이디어가 적힌 제안서를 발견하고 이를 회사에 제출하였다. 경비절약 아이디어 공모에 당선되어 상금을 받는다면 당신은 어떻게 하겠는가?

① 상금을 받아 동료들과 회식을 한다.
② 사직한 전임상사에게 연락을 취해 상금을 준다.
③ 자신의 명예에 관한 일이므로 일단 모르는 척한다.
④ 아이디어에 관한 일을 솔직하게 이야기하고 당선을 취소시킨다.
⑤ 현직 직장 상사에게 상황을 이야기하고 그의 결정에 따른다.

05 **나는 조용한 환경에서 일을 해야 업무 효율성을 높일 수 있다. 그런데 옆자리에서 함께 일하는 동료직원은 항상 음악이나 라디오를 틀어놓고 업무를 처리한다. 당신은 어떻게 하겠는가?**

① 동료 직원에게 어려움을 이야기하고 음악을 꺼달라고 한다.
② 다른 동료직원들에게 불만을 이야기해서 그 직원의 귀에 들어가게 한다.
③ 이어폰을 사서 그 동료 직원에게 선물한다.
④ 동료 직원에게 아무런 말도 하지 않고 조용히 음악을 끈다.
⑤ 귀마개를 이용해 그 동료 직원의 소리로부터 차단한다.

06 **어느 날 회사에서 근무를 하던 중 본의 아닌 실수로 인해 작은 문제를 일으켰다. 그로 인해 상관에게 불려가 자신의 실수에 비해 상당히 심한 꾸지람을 들었다. 게다가 인격적인 모욕까지 느꼈다. 이때 당신이라면 어떻게 하겠는가?**

① 그냥 아무 말 없이 자리로 돌아가 일을 계속한다.
② 당장 사직서를 내고 회사를 그만둔다.
③ 잘못한 부분에 대해서는 인정하지만, 부장의 인격적인 모욕에는 항의한다.
④ 직장 동료 직원들에게 섭섭함을 토로한다.
⑤ 사내 게시판에 인격적인 모욕에 대한 항의글을 익명으로 게시한다.

07 **보기 힘든 친구와 오랜만에 만나기로 미리 약속을 했다. 하지만 약속일 당일 갑자기 늘어난 업무로 인해서 팀장이 야근을 지시하였다. 당신은 어떻게 하겠는가?**

① 업무를 미루고 약속 장소에 나간다.

② 약속을 포기하고 야근을 한다.

③ 급한 일만 마무리하고 약속장소에 나간다.

④ 친구와의 약속을 연기한다.

⑤ 친구에게 저녁을 부탁하여 회사 회의실에서 먹고 야근을 한다.

08 **상사가 나에게 10일 후에 회사의 중요한 행사를 진행해 달라고 부탁하였다. 그런데 그날은 예비군 훈련날이다. 예비군 훈련을 빠질 수 없다면 당신은 어떻게 하겠는가?**

① 상사에게 가서 행사를 진행하지 못하겠다고 보고한다.

② 다른 사원에게 상사가 지시한 행사를 진행해 달라고 부탁한다.

③ 예비군 훈련 불참 벌금을 내더라도 상사의 지시에 따른다.

④ 다른 가족에게 예비군 훈련을 대신 가달라고 한다.

⑤ 행사 담당 적임자 후보를 상사에게 보고한다.

09 당신은 이제 막 배치를 받은 신입사원이다. 부장이 지시를 내린 업무를 하고 있는데 과장이 다른 업무를 지시하였다. 과장이 지시한 일을 하고 있는데 대리가 급한 일이라며 다른 일을 맡겼을 경우 당신은 어떻게 하겠는가?

① 부장에게 다시 물어본다.
② 대리가 시킨 일을 한다.
③ 가장 직급이 높은 부장이 시킨 일을 한다.
④ 직장선배에게 물어본다.
⑤ 동료 직원에게 도움을 요청해 먼저 일을 준 순서대로 처리한다.

10 어느 날부터 사무실의 비품이 하나씩 사라지고 있다. 처음에는 그 정도가 미미하였으나 점점 심해졌다. 직원들이 모두 비품을 횡령하는 사람에 대해서 궁금해 하고 있을 때 우연히 당신이 동료가 비품을 횡령하는 것을 목격하게 되었다면 당신은 어떻게 하겠는가?

① 동료직원을 조용히 불러 얘기한다.
② 상사에게 바로 보고한다.
③ 일단 지켜본다.
④ 팀 사람들이 모여 있는 곳에서 이야기 한다.
⑤ 익명으로 동료 직원에게 메모나 문자를 남긴다.

11 **당신을 위한 신입사원 환영회가 열렸는데 상사가 당신에게 술을 권한다. 하지만 당신은 술을 전혀 마시지 못하는 체질이다. 환영회 자리라 분위기를 깨기는 싫다. 당신은 어떻게 하겠는가?**

① 술을 잘 마시지 못한다고 솔직히 말하고 거절한다.
② 상사가 권하는 술이니 일단 마신다.
③ 동료에게 대신 마셔달라고 부탁한다.
④ 환영회에서 일찍 나온다.
⑤ 숙취음료와 약을 미리 복용하고 환영회 자리를 지킨다.

12 **당신은 외국에 출장을 와 있다. 그런데 일을 하다 보니 임무를 기일 내에 완수하지 못할 것 같다. 그런데 상사와 연락이 안 된다. 당신은 어떻게 하겠는가?**

① 임무를 다 마치지 못하더라도 귀국한다.
② 상사에게 연락이 될 때까지 계속 연락해 본다.
③ 상사에게 연락이 되지 않더라도 임무를 완수할 때까지 귀국을 미룬다.
④ 일단 기다려 본다.
⑤ 사내 연락이 되는 사람에게 연락해 상사에게 지금 상황을 전달해달라고 부탁한다.

13 **당신의 배우자의 직장이 다른 곳으로 이전하게 되어서 배우자의 출퇴근 시간이 길어졌다. 이에 배우자의 불평이 늘어나서 이사를 고려해 보았는데, 그렇게 되면 당신의 출퇴근 시간이 길어진다. 이에 당신은 어떻게 하겠는가?**

① 내가 직장을 그만둔다.
② 배우자가 직장을 그만두게 한다.
③ 나의 직장과 배우자의 직장 중간쯤으로 이사 간다.
④ 일단 지켜본다.
⑤ 회사에 상황을 설명해 출퇴근시간을 유연하게 조정한다.

14 **우리 부서가 아닌 다른 부서의 부장으로부터 업무관련 지시를 받았다. 하지만 당신이 생각할 때 그 지시는 부당하게 느껴진다. 당신은 어떻게 하겠는가?**

① 우리 부서 부장에게 보고한다.
② 더 높은 상급자에게 보고한다.
③ 일단 지시받은 대로 업무를 진행한다.
④ 부당한 지시이므로 따르지 않는다.
⑤ 다른 부서의 부장을 찾아가 상황을 설명한 후 업무를 진행하지 않는다.

15 **사내 게시판에 바로 옆자리에서 같이 근무하는 직장 동료를 비방하는 글이 게재되었다. 평소 언행을 보아 그럴 사람이 아니라고 믿고 있지만, 주위의 다른 동료들이 그를 불신의 눈초리로 쳐다보고 있다.**

① 게시판에 댓글을 달아 적극적으로 동료를 변호한다.

② 그냥 무관심하게 평소처럼 지낸다.

③ 게시판 관리자에게 글을 삭제하도록 요청한다.

④ 괜히 나섰다가 나 또한 동료와 같이 될까봐 그냥 무시한다.

⑤ 옆자리 직장 동료에 대한 호의적인 글을 사내 게시판에 게시한다.

16 **새로 맡은 프로젝트를 처리하려면 업무절차상 타부서의 협조가 꼭 필요하다. 그런데 그 부서와는 평소 접촉도 없고, 또 그곳에 개인적으로 친한 직원도 없다. 그 부서의 협조가 절대적으로 필요하다면 당신은 어떻게 하겠는가?**

① 그 부서에 혹시 아는 동료나 마음이 통하는 직원이 있는지 찾아본다.

② 타부서의 협조를 받지 않고 그 프로젝트를 처리할 수 있는 방법을 찾아본다.

③ 그 부서에 직접 찾아가 상황을 설명하고 정중히 업무협조를 부탁한다.

④ 타부서 팀장에게 도움을 요청한다.

⑤ 타부서에 친한 직원이 있는 동료에게 부탁하여 타부서의 직원을 소개받는다.

17 **당신의 배우자가 현재 질병을 앓고 있다. 심각한 병은 아니지만 간호해줄 사람이 필요한 질병이다. 그런데 회사에서 2년간 유럽 근무를 지시했다. 평소 가고 싶었던 자리이고 승진을 위해서라도 매우 좋은 기회이다. 당신은 어떻게 하겠는가?**

① 아내를 돌볼 간병인을 구하고 홀로 해외 파견을 나간다.

② 상사에게 보고하고 지시를 따른다.

③ 파견을 갈 수 없다고 한다.

④ 사직서를 제출한다.

⑤ 해외에서 일할 수 있는 간병인을 구하고 배우자와 함께 파견을 나간다.

18 **직장 동료가 자신의 형편을 이야기하고 보증을 서줄 것을 부탁하였다. 금액은 크지 않지만 이전에 좋지 않은 기억이 있어서 조금은 꺼려지는데 동료가 계속 부탁한다. 당신은 어떻게 하겠는가?**

① 단호하게 거절한다.

② 상사에게 보고한다.

③ 금액이 크지 않으므로 보증을 서준다.

④ 보증은 서지 말고 나의 능력한도 내에서 돈을 빌려준다.

⑤ 보증이 아닌 다른 방법이 있는지 알아봐 준다.

19 **같은 부서에서 근무하는 직장 상사가 약간의 돈을 빌려갔다. 하지만 금액이 많지 않아서인지 상사는 그 사실을 잊어 버리고 돈을 갚지 않고 있다. 당신은 어떻게 하겠는가?**

① 사실대로 돈을 갚으라고 말한다.

② 그냥 가만히 있는다.

③ 동료들에게 이 사실을 알리고 상사가 주기를 기다린다.

④ 직급이 더 높은 상관에게 보고한다.

⑤ 얼굴보고 말하기 어려워 문자로 돈을 갚으라고 말한다.

20 **어느 날 같은 부서의 동료에게 팀장이 당신이 없는 자리에서 당신에 대한 불만을 이야기하고 다닌다는 이야기를 들었다. 당신은 어떻게 하겠는가?**

① 사석에서 팀장에 대한 불만을 이야기한다.

② 팀장에게 불만에 대해 직접 물어본다.

③ 가만히 있는다.

④ 직장에 사직서를 제출한다.

⑤ 팀장보다 직급이 더 높은 상사에게 이 사실을 알린다.

21 팀장의 지시로 매우 어려운 보고서를 작성하였다. 이 보고서를 위해 매우 많은 시간 동안 야근을 하며 힘들게 작성하였다. 당신이 어렵게 작성한 보고서를 팀장에게 보고 하려고 하는데 더 이상 필요 없다고 폐기 처분하라고 한다면 당신은 어떻게 하겠는가?

① 팀장의 지시대로 폐기처분한다.

② 보고서를 다른 부서에 넘겨준다.

③ 팀장보다 더 상급자에게 사실을 보고한다.

④ 팀장에게 항의한다.

⑤ 나중에 쓸 일이 있을 거라 생각하고 자료를 모아 둔다.

22 회사에는 탈의실을 비롯하여 공용시설이 있다. 당신은 항상 청결을 위해 청소 등의 노력을 하고 있는데 동료들이 협조를 해주지 않아 항상 지저분한 상태이다. 당신은 어떻게 하겠는가?

① 그냥 가만히 있는다.

② 평소대로 내가 치운다.

③ 상사에게 보고한다.

④ 동료들에게 불만을 이야기한다.

⑤ 공용시설에 대한 이용규칙을 적어 문 앞에 걸어둔다.

23 **출근시간에 늦어서 택시를 타려고 하는데 택시 정류장에는 이미 많은 사람들이 줄을 서서 기다리고 있는 상황이다. 당신은 어떻게 행동하겠는가?**

① 기다리고 있는 사람들 뒤에 줄을 선다.

② 새치기를 해서라도 먼저 택시를 탄다.

③ 택시가 아닌 다른 교통수단을 알아본다.

④ 회사에 늦을 것 같다고 미리 연락을 한다.

⑤ 콜택시를 불러 줄을 서지 않고 탄다.

24 **직장에서 친한 동료가 회사의 공금을 횡령하고 있다는 사실을 알게 되었다. 당신은 어떻게 하겠는가?**

① 친구와 멀어질 수 있으므로 모른 척 한다.

② 친구가 잘못된 행동을 개선할 수 있도록 설득한다.

③ 회사에 친구의 잘못을 공개적으로 고발한다.

④ 주변 사람들에게 어떻게 하면 좋을지 상담한다.

⑤ 익명의 문자로 친구에게 횡령사실을 알고 있으니 자백하라고 한다.

25 회사에 당신에 대한 악의적인 소문이 나기 시작했다. 소문의 근거지를 알아보니 평소 친하게 지내던 직장동료였다. 당신은 어떻게 하겠는가?

① 동료에게 공개적으로 해명해 줄 것을 요구한다.

② 사내 인트라넷을 통해서 자신의 결백을 주장한다.

③ 소문에 상관하지 않고 맡은 바 업무에만 최선을 다한다.

④ 직장 동료가 한 행동과 똑같이 동료에 대한 악의적인 소문을 낸다.

⑤ 직장 상사에게 이를 보고하고 동료에 대한 문책을 요구한다.

26 직장 상사가 당신의 신념과는 다른 특정 종교를 믿을 것을 강요하고, 믿지 않을 경우 인사고과에 반영한다고 한다. 당신은 어떻게 하겠는가?

① 아무런 저항 없이 상사의 뜻에 따른다.

② 부당함을 회사에 알리고, 시정을 요구한다.

③ 다른 동료나 상사에게 상황을 알리고 도움을 요청한다.

④ 직장 상사에게 직접 자신의 의견을 알리고 행동을 자제해 달라고 요구한다.

⑤ 실제로 인사고과에 반영했을 시 더 높은 상사에게 이 사실을 알린다.

27 **당신은 동료 A와 함께 중요한 프로젝트를 수행하게 되었다. 주어진 프로젝트의 마감 기한이 매우 촉박한 상황에서 당신은 내용이 조금 부족하더라도 기한 내 프로젝트를 마감하기를 바라나 A는 기한을 넘기더라도 내용을 완벽하게 구성하기를 바란다. 이때 당신은 어떻게 행동하겠는가?**

① 회사에 프로젝트의 마감 기한을 늦춰 달라고 요구한다.
② A의 의견에 따라 마감 기한은 무시하고 내용구성에 초점을 맞춘다.
③ A에게 무조건 자신의 의견을 따라줄 것을 강요한다.
④ A와의 대화를 통해 서로 간의 합의점을 찾을 수 있도록 한다.
⑤ 마감을 맞추는 게 더 우선이므로 A의 의견을 무시하고 프로젝트를 마감한다.

28 **당신은 오늘 맡은 업무를 모두 끝마쳤다. 그런데 같은 팀 동료들은 업무가 남아서 모두 퇴근을 하지 않고 있다. 당신은 어떻게 하겠는가?**

① 자신에게 주어진 업무는 끝났으므로 먼저 퇴근한다.
② 영화를 내려받아 보면서 다른 동료들이 퇴근할 때까지 기다린다.
③ 동료들에게 도움이 될 일은 없는지 찾아보고 있다면 돕도록 한다.
④ 동료들에게 업무는 제시간에 끝내야 한다며 핀잔을 준다.
⑤ 남아서 일하는 동료들을 위해 간식거리를 챙겨준다.

29 **당신이 존경하는 상사가 회사를 위한 일이라면서 회사 기밀자료의 유출을 요구한다면 당신은 어떻게 하겠는가?**

① 평소 존경하던 상사이므로 믿고 그대로 따른다.
② 원칙에 위배되는 행동이므로 따를 수 없다고 직장상사에게 말한다.
③ 어떠한 결정도 내리지 못하고 그냥 회사를 관둔다.
④ 회사에 사실을 알리고 상사가 처벌을 받도록 한다.
⑤ 기밀자료 유출 시 발생되는 법적 책임을 알려주며 상사를 설득한다.

30 **당신의 상사가 내일까지 처리할 수 없는 업무를 주면서 내일까지 완벽하게 끝내라고 한다면 당신은 어떻게 하겠는가?**

① 대충 처리해서 주어진 시간 안에 업무를 마무리한다.
② 상사에게 솔직히 말하고 할 수 있는 만큼 최선을 다해서 업무를 처리한다.
③ 동료들에게 부탁해서 함께 업무를 처리한다.
④ 주변 사람들에게 상사의 지시가 부당함을 알린다.
⑤ 주어진 업무 중 중요한 순서대로 밤새 처리한다.

31 **당신은 자신의 영어실력을 과장해서 이력서에 기입했고 회사에 합격했다. 그로 인해 영어로 대부분의 업무를 처리해야 하는 부서에 발령이 났다면 당신은 어떻게 하겠는가?**

① 솔직히 영어를 잘 못한다고 말하고 부서를 바꿔 달라고 요구한다.
② 자신의 실력은 속이고 학원을 다니면서 부족한 부분을 채우도록 노력한다.
③ 영어 실력이 드러나기 전에 알아서 회사를 관둔다.
④ 문제가 생기기 전까지는 그대로 발령받은 부서에 출근한다.
⑤ 영어를 잘하는 친구에게 따로 업무 부탁을 한다.

32 **당신의 회사는 지속적으로 물품을 납품받고 있는 거래처가 있는 상황이다. 그런데 친한 고등학교 동창으로부터 물품 납품을 청탁받았다면 당신은 어떻게 하겠는가?**

① 공과 사는 구별해야 하므로 단호하게 친구의 부탁을 거절한다.
② 현재의 거래처와 비교해서 조건이 좋다면 거래처를 바꾸도록 한다.
③ 친구의 부탁이므로 무조건 거래처를 바꾸도록 한다.
④ 스스로 결정하기 힘든 문제이므로 다른 동료들과 상의하고 그 의견에 따른다.
⑤ 친구에게 현재 거래처의 존재를 알리고 정중히 거절한다.

소요시간		채점결과	
목표시간	10분 40초	총 문항수	32문항
실제 소요시간	(　)분 (　)초		
초과시간	(　)분 (　)초		